中华创世神话研究工程
系列丛书

中华创世神话图像编

上海市社会科学界联合会 组织编写

THE PICTORIAL GENEALOGY
OF LEIZU'S CREATION MYTHS

嫘祖创世神话图像谱系

程鹏 著

上海人民出版社

编写说明

　　由上海市社会科学界联合会组织实施的中华创世神话学术研究工程是"开天辟地——中华创世神话"文艺创作与文化传播工程的重要组成部分，是弘扬中华优秀传统文化的一项基础性工作，是打造上海文化品牌的一项重要内容。

　　自 2017 年以来，在中共上海市委宣传部的指导下，在上海市哲学社会科学规划办公室的支持下，上海市社会科学界联合会积极联系国内相关领域的专家学者深入开展专题研究，在上海市哲学社会科学规划课题的研究基础上，集中研究力量和学术资源，推出了中华创世神话研究工程系列丛书。

　　本丛书旨在通过整理编纂各民族中华创世神话资料，研究和梳理中华创世神话脉络和体系，讲好中华创世神话故事，探索中华文明之源，弘扬中华民族精神，为中华文化培根固源，为中华民族塑魂铸魂，为今后学术研究、文艺创作提供参考。

　　本丛书的编纂得到上海社会科学院、上海交通大学、华东师范大学、上海大学、上海政法学院等单位学者的鼎力支持，也得到中国社会科学院、北京师范大学、华中师范大学等单位专家的大力帮助。

上海市社会科学界联合会

2020 年 12 月

序

    中华创世神话叙事传承在历史上有三种主要形式：一是语言文字的叙事形式，二是仪式行为的叙事形式，三是图像物象的叙事形式。在文字还没有发明的时候，图像就是一种重要的跨越时空的记录形式与叙事形式，人们通过图像讲述着世界上发生的故事和他们浪漫想象的故事。

    我们所熟悉的盘古开天地的故事，完整的语言文字叙事其实直到三国的时候才记录下来。但是，至少在东汉时期，四川的文翁石室，即所谓汉时讲堂，就画了三皇五帝，以及盘古开天辟地的故事。这些绘画故事声名远扬，从蜀中传到江南的建业都城。东晋时期的王羲之还托人去临摹，意图传承其中的绘画元素。东汉时期，一篇叫《鲁灵光殿赋》的文章里面记载，鲁灵光殿里绘有一组中华创世神话系列图像，其中有一幅重要的图画常常被忽视，在赋中是如此描述的："上纪开辟，遂古之初。"显然，此处图画的内容当是盘古开天辟地的故事。可见，在文字并没有很好记载的时代，图像已是一种独特的叙事系列。可惜，无论是四川的文翁石室，还是鲁灵光殿壁画，我们今天已经见不到了，这是非常遗憾的事。

    《鲁灵光殿赋》中所描述的"伏羲鳞身，女娲蛇躯"为人们所熟知，但是描绘这些形象的图像传到唐代就比较少了，后来渐渐被人们淡忘。宋代马麟画了一幅伏羲的图像，是一位圣哲在画八卦，从此画八卦的伏羲占据了伏羲图像的主流地位。直到那些埋在地下的汉代的画像石、砖，以及唐代的伏羲女娲图像绢画被发掘出来，向我们展示了伏羲女娲的龙蛇之躯之后，我们方才恍然大悟。然而唐宋以后，伏羲女娲故事的主流题材却又是兄妹婚故事，可见图像叙事并没有很好地表现这些内容。秦汉隋唐伏羲女娲图像传播的时代，语言则讲述伏羲画卦，可见图像叙事与语言叙事并不同步，前者亦是文化多样性的重要构成形式。

图像是一种可视符号，对于文化的传承和认同具有独特的意义。图像的稳定性要比口头传播可靠性高，因此对于文化统一性的作用更为突出。神话学研究经常会提到的"语言疾病说"，实际上是对于神话的口头表达之不可靠性的一种深刻认识。"语言疾病"是神话演变的现象，但是并不意味着那是一件好事。鲁鱼亥豕是一种信息混乱，所以图像的优越性在一定程度上高于口头语言，这是事实。图像的跨越语言障碍的意义更是有效的文化传播的保障，在全球化的今日，其价值更为突出。

历史上我们很重视语言文献，相对来说对于图像文献则重视不够。近年来中外神话学者都对神话图像研究倾注了很大精力，图像叙事与图像分析是其中关注得比较多的问题。但是，像创世神话这样重要的图像问题，我们仍然重视不足。尤其在一种将中国神话视为残丛小语的错误认识下，神话图像也被认为是凌乱的，因此，创世神话的图像研究也是零散的。

当中华创世神话严整的、丰富的谱系性构成问题被揭示，创世神话的图像谱系问题也被严肃地提出来了。图像叙事虽只是神话叙事的形式之一，但图像的丰富性与多样性远远超出了传统的认识视野。在上海市"中华创世神话文艺创作工程"之"学术研究工程"的支持下，我们开展了中华创世神话的田野调查与研究，灿烂的中华创世神话图像恢弘地呈现在我们面前。这些图像既有古远的创世神图像元素的不朽传承，也有历史上世世代代的人民群众的创造，更有当代社会对于创世神话的创新性发展。所以，我们乐于将这些图像与世人分享，更乐意以文化谱系观对这些图像予以系统研究与整理，分享我们的神话观念。无论是文艺创作、审美欣赏，还是神圣敬仰、文化认同，这一中华创世神话图像谱系研究系列，都将是对于中国神话的一次大规模的探索与资源呈现。这不仅是为了中国人的文化自豪感建设，更是为世界人民增添一种文化自信：就像中国神话推助中华民族伟大复兴一样，世界上古老的神话资源一定能够将人类带向美好的未来。

田兆元　毕旭玲

2021 年 9 月 25 日于上海

目 录

第一章　嫘祖创世神话谱系

嫘祖，亦称雷祖、累祖、儽祖、纍祖、儸祖、絫祖、嬺祖[①]，是中华人文先祖黄帝之妻，被尊称为"人文女祖""中华圣母"。关于嫘祖的记载，见诸于多本古文典籍。《国语·晋语·帝系》曰："黄帝居轩辕之丘，娶于西陵氏之子，谓之嫘祖氏，产青阳及昌意"[②]；《山海经·海内经》云："黄帝娶雷祖，生昌意"；[③]《史记·五帝本纪》载："黄帝居轩辕之丘，而娶于西陵之女，是为嫘祖。嫘祖为黄帝正妃，生二子，其后皆有天下"[④]。

在民间则流传着丰富的嫘祖神话，其大致情节如下：相传，嫘祖诞生于古西陵国。少女时的嫘祖便显现出与众不同的聪慧。一天，嫘祖在摘桑葚时，偶然发现桑虫结的黄茧，便摘来含在口中玩耍，由于唾液浸泡加热溶解了胶质，嫘祖无意中顺手理出了茧中的丝线。用手一摸，还挺结实，不像蜘蛛丝那样容易断。聪明的嫘祖顿生编织蚕丝以代替兽皮树叶做衣服的欲望。后来，嫘祖将野桑茧变为家养，又发明了一些缫丝的工具，实现了她以丝绸做衣服的梦想。从此，结束了穿树叶、披兽皮的生活方式，开启了西陵部落衣着文明时代。此后，年轻的嫘祖以发明丝帛而享誉西陵，并受到黄帝的仰慕。嫘祖与黄帝联盟联姻，巡行天下，教民养蚕，普及蚕桑丝绸文化；辅佐黄帝，统一中原，奠立国基，是以称她为母。

---

① 在向熹的《嫘祖杂说》一文中，曾经对嫘祖的名字进行梳理，发现至少有 8 种写法。参见向熹：《嫘祖杂说》，《文史杂志》2001 年第 1 期。

② （战国）左丘明：《国语》，上海古籍出版社 2015 年版，第 234—235 页。

③ （晋）郭璞注：《山海经》，上海古籍出版社 1989 年版，第 117—118 页。

④ （汉）司马迁：《史记·五帝本纪》，中华书局 2016 年版，第 10 页。

嫘祖不仅是栽桑养蚕、缫丝织绸的发明者，还是这一技术的传播者，其终生致力于养蚕缫丝技术的示范和推广，为桑蚕丝绸产业的发展做出了重要贡献。嫘祖在黄帝战胜炎帝和蚩尤后，向黄帝谏言"定蚕桑、制衣裳、兴嫁娶、尚礼仪"，以德治国，注重礼仪，开展各民族的文化交流。她大力发展桑蚕事业。嫘祖可以说是华夏丝绸文明的缔造者，是中国几千年来蚕桑文化、丝绸文化的杰出代表。在其死后，她还被尊为"道神"、"行神"，成为护佑人们出行平安顺利的道路之神。千百年来，关于嫘祖的神话代代流传，不仅形成了语言、图像、景观、仪式行为等多种叙事形式，并且广泛传播到各地，形成了庞大的嫘祖神话谱系。

一、嫘祖创世神话时间谱系

（一）蚕神嫘祖：蚕桑丝绸的始祖

养蚕缫丝对中国文化影响深远。上古时期，人们冬穿兽皮、夏着树叶，直到发明了养蚕缫丝、织绸制衣之后，人类的穿着才有了质的提高，人类的生活水平才有了飞跃，从以兽皮树叶遮体的蛮荒时代，进入了文明开化的状态。在商代的甲骨文中就已经出现了"桑""蚕""丝""帛"等字，而且还有许多从桑、从蚕、从丝的字，说明在商代以前，已经有丝制品和绸帛制成的衣服。西汉时期，中国的丝织品和蚕桑丝织技术广泛传播到西亚、南亚、欧洲等地。唐朝时期，华夏文明进一步走向世界，中国的丝绸远销海外多国，泽被全球。人们将汉唐时期中外交通渠道称为"丝绸之路"，它是中华民族的智慧得到全世界公认的重要标志。所以说植桑养蚕、缫丝制衣之术的发明，有力地推动了华夏文明的进程。由于对蚕桑丝织的崇拜，蚕神也就自然成为人们崇奉的对象，关于蚕神的神话和信仰也随之产生。

图 1-1　华夏古丝绸之路图（邱安凤提供）

在中国的神话传说和民间信仰中，蚕神呈现出多元并存的复杂谱系。嫘祖作为最重要的蚕神，其神话形成也是层累渐进的结果。人们将最早发明推广养蚕缫丝技术的蚕神称为先蚕，赋予其护佑蚕事的神职，对其进行祭祀。我国古代祭祀先蚕的历史非常悠久，从目前发现的殷商甲骨文中就有"蚕示三牢"的字样，即以三牢祭祀蚕神。《周礼注疏》卷七《内宰》云："中春诏：后帅外内命妇，始蚕于北郊，以为祭服。"郑玄注："蚕于北郊，妇人以纯阴为尊，郊必有公桑蚕室焉。"①《周礼》中的这一记载，反映了在周朝时已经开始设坛祭祀先蚕。而在《礼记·月令》中则对蚕神的祭祀进行了更为详细的描绘："是月也，命野虞毋伐桑柘。鸣鸠拂其羽，戴胜降于桑。具曲植蘧筐。后妃齐戒，亲东乡躬桑。禁妇女毋观，省妇使以劝蚕事。蚕事既登，分茧称丝效功，以共郊庙之服，无有敢惰。"郑玄注云："后妃亲采桑，示帅先天下也。东向者，向时气也。是明其不常留养蚕也。留养者，所卜夫人与世妇；妇，谓世妇及诸臣之妻。内宰职曰：仲春诏后，帅外内命妇，始蚕于北郊。女，外内子女也。夏小正曰：妾子始蚕执养，宫

①　（清）阮元校刻：《十三经注疏》，中华书局 1980 年版，第 685 页。

事毋观，去容饰也，妇使缝线组紃之事。"①

　　先秦时期，虽然有祭祀蚕神的记载，然而对于蚕神的具体所指则是模糊的。实际上，这一时期人们祭祀的先蚕为天驷。宋代秦观的《蚕书·祷神》就有："天驷，先蚕也"②之说，清代秦蕙田的《五礼通考》中也有："先蚕之名，旧说为天驷。"③可以看出，天驷曾被人们作为先蚕进行祭祀。天驷，即房星、房宿，是二十八宿之一，是东方苍龙的第四宿，因有星四颗，故又称天驷。天驷主马，为马祖。而古人认为蚕马同气，共属一个星座。所以天驷亦是蚕祖。然而天驷作为星宿，对其崇拜仅见于早期信仰。随着社会的发展，人们对神灵的信仰不仅局限于单纯的功能，更需要具体的形象和事迹，于是信仰对象日益人格化，相应的神话传说也被生产与传播。蚕神的发展，同样经历了这样一种演变趋势。

　　东汉时期，蚕神形象经历了人格化的发展。在东汉卫宏的《汉官旧仪》中就记载了当时人们祭祀的蚕神——菀窳妇人、寓氏公主。《汉官旧仪》卷下曰："皇后春桑皆衣青，手采桑以缫三瓮茧。春桑生而皇后亲桑于苑中，蚕室养蚕千薄以上；祠以中牢，羊豕祭。蚕神曰菀窳妇人、寓氏公主，凡二神。群臣妾从桑，还献于茧观；皆赐从采桑者乐，皇后自行。凡蚕丝絮，织室以作祭服。祭服者，冕服也。天地宗庙群神五时之服，皇帝得以作缕缝衣，皇后得以作巾絮。而已置蚕官令丞，诸天下官下法，皆诣蚕室，与妇人从事。故旧有东西织室作治。"④《后汉书·礼仪志·先蚕》中还记载了皇后帅公卿诸侯夫人以少牢之礼祭祀先蚕的情况，"是月，皇后帅公卿诸侯夫人蚕，祠先蚕礼以少牢。"⑤而在东晋干宝的《搜神记》中，还对蚕神做了进一步解释，《搜神记》卷十四云："汉礼皇后亲采桑祀蚕神，曰：'菀窳妇人，寓氏公主'"。公主者，女之尊称也。菀窳妇人，先蚕者也。故今世或谓蚕为女儿者，是古之遗言也。⑥同时，《搜神记》中还记载了"女化蚕"的传说：

① （清）阮元校刻：《十三经注疏》，中华书局1980年版，第1363页。
② （宋）秦观：《蚕书》，清知不足斋丛书本，第2页。
③ （清）秦蕙田：《五礼通考》，清文渊阁四库全书本，第2917页。
④ （东汉）卫宏撰：《汉官旧仪》，中华书局1985年版，第11页。
⑤ （南朝宋）范晔：《后汉书》，中华书局1982年版，第3110页。
⑥ （晋）干宝撰，汪绍楹校注：《搜神记》，中华书局1979年版，第172—173页。

旧说，太古之时，有大人远征，家无余人，唯有一女。牡马一匹，女亲养之。穷居幽处，思念其父，乃戏马曰："尔能为我迎得父还，吾将嫁汝"。马既承此言，乃绝缰而去，径至父所，父见马惊喜，因取而乘之。马望所自来，悲鸣不已。父曰："此马无事如此，我家得无有故乎？"亟乘以归。为畜生有非常之情，故厚加刍养，马不肯食。每见女出入，辄喜怒奋击，如此非一。父怪之，密以问女。女具以告父，必为是故。父曰："勿言，恐辱家门，且莫出入。"于是伏弩射杀之，暴皮于庭。父行，女与邻女于皮所戏，以足蹙之曰："汝是畜生，而欲取人为妇耶？招此屠剥，如何自苦"？言未及竟，马皮蹶然而起，卷女以行。邻女忙怕，不敢救之，走告其父。父还，求索，已出失之。后经数日，得于大树之间，女及马皮，尽化为蚕，而绩于树上。其茧纶理厚大，异于常蚕。邻妇取而养之，其收数倍。因名其树曰"桑"。桑者，丧也。由斯百姓竞种之，今世所养是也。言桑蚕者，是古蚕之余类也。[1]

马头娘作为解释蚕起源的传说，在后世流布甚广，成为四川、浙江等地民间广为信奉的蚕神。

图 1-2　四川省南充市嘉陵区千年绸都第一坊马头娘图像（马运河摄）

---

[1]　（晋）干宝撰，汪绍楹校注：《搜神记》，中华书局 1979 年版，第 172—173 页。

虽然菀窳妇人、寓氏公主都曾被作为蚕神受到祭祀，然而这些蚕神的地位都不高，当不起皇后亲自祭祀之人。自后周开始，地位更高的黄帝元妃嫘祖则被作为"先蚕"，成为皇室祭祀的蚕神，并广泛传播到民间，成为广大蚕农祭祀的对象。《隋书》卷七《礼仪志》就记载了皇室祭祀先蚕西陵氏嫘祖的礼仪："后周制，皇后乘翠辂，率三妃、三女弋、御媛、御婉、三公夫人、三孤内子至蚕所，以一太牢亲祭，进奠先蚕西陵氏神。"① 宋人罗泌《路史·疏仡纪》卷十四《黄帝纪上》云：黄帝"元妃西陵氏曰儽祖，命西陵氏劝蚕稼，月大火而浴种。夫人副祎而躬桑，乃献茧丝遂称织维之功，因之广织以给郊庙之服"。② 明代董斯张《广博物志》引《皇图要览》云："伏羲化蚕，西陵氏始养蚕。"③ 又曰："有巢始衣皮，轩辕妃嫘祖始育蚕。"④ 都提到嫘祖的"先蚕"身份，因其教民养蚕织丝而受到后人祭祀。

在元代的一些典籍中，则对历代的蚕神进行了梳理。如元代官修的《农桑辑要》卷一中提到："《通典》周制享先蚕。先蚕，天驷也。蚕与马同气。汉制，祭蚕神曰：苑窳妇人、寓氏公主。北齐，先蚕祠黄帝轩辕氏，如先农礼。后周祭先蚕，西陵氏。"⑤

元代王祯的《农书》卷二十《蚕缲门》云：元妃西陵氏为先蚕，实为要典。若夫汉祭宛窳妇人、寓氏公主，蜀有蚕女马头娘，又有谓三娘为蚕母者，此皆后世之溢典也。然古今所传立像而祭，不可遗阙，故附之。稽之古制，后妃祭，先蚕坛遣牲币，如中祠此古。后妃亲蚕祭神礼也。《蚕书》云：卧种之日诘旦，升香割鸡，设醴以祷先蚕，此庶人之祭也。自天子后妃至于庶人之妇，事神之礼虽有不同，而敬奉之心一。⑥

同时，在《农书》中还有一幅大型的蚕神图，展现了元代蚕神祭祀的景象。这幅图汇集了魏、晋、北齐、后周、隋等历代的先蚕坛和蚕神，"先蚕坛"中央是

---

① （唐）魏征等：《隋书》，中华书局1977年版，第1782页。
② （宋）罗泌：《路史》，清文渊阁四库全书本，第126页。
③ （明）董斯张：《广博物志》，清文渊阁四库全书本，第921页。
④ 同上书，第673页。
⑤ （元）官修：《农桑辑要》，清乾隆武英殿聚珍版丛书本，第1页。
⑥ （元）王祯：《农书》，清乾隆武英殿刻本，第100页。

先蚕的灵位，由皇后率领群妃祭拜。而"蚕神图"中不同时期的蚕神，其空间分布的不同，也显示出了神祇出身地位的差异。位居蚕神图正上方的蚕神为出身神界的天驷星，而天驷星下方则是官方祭祀的正祀蚕神——先蚕嫘祖，在嫘祖右下方的是地位稍逊的菀窳妇人和寓氏公主，而在嫘祖左下方的，则是在民间影响甚广的蚕神——马头娘，最末位的分别是三姑、蚕母。从神界到宫廷再到民间，这幅蚕神图汇集了各路蚕神，既开放包容，又错落有致，凸显出严格的等级秩序。

图 1-3　元代《蚕神》图 [①]

实际上，从隋唐开始，祭祀嫘祖的习俗已经极为兴盛，尤其是宫廷之中，皇后亲自祭祀先蚕嫘祖、采桑喂蚕具有重要的象征意义，它承担着劝课农桑的神圣使命。所以祭祀先蚕嫘祖的仪式也经过历代传承，形成了深厚的蚕桑文化。

---

① （元）王祯：《农书》，中华书局 1956 年版，第 442 页。

在《明史》中亦有皇后亲桑的记载：

> 司宾引外命妇先诣采桑坛东陛下，南北向。尚仪奏请，皇后诣采桑位，东向。公主以下位，皇后东位，亦南北向，以西为上。执钩者跪进钩，执筐者跪奉筐受桑。皇后采桑三条，还至坛南仪门坐，观命妇采桑。三公命妇采桑五条，列侯、九卿命妇才九条。讫，各受女侍。司仪引内命妇一人，诣桑事，尚钩率执筐者从，尚功以桑授于蚕母。蚕母受桑，缕切之，以授内命妇。内命妇食蚕，酒一箔讫，还。尚仪奏礼毕，皇后还坐具服殿。①

清朝时，为了巩固统治，恢复礼制成为重要的手段。为了遵循"天子亲耕南郊，后亲蚕北郊"的古制，"以光典礼"便是其中的举措之一。乾隆年间，大学士鄂尔泰奏请按历朝礼法，建先蚕坛，恢复祭祀先蚕的礼仪制度。②后来内务府大臣海望考证了历代蚕坛地建制，提出建坛的设想：

> 奴才按历代旧制：周礼，仲春天官内宰，召后率内外命妇蚕于北郊。有工桑蚕室，近川而为之，铸宫仞，有三尺棘墙，而外闭之。……是历代建立蚕坛规制仿与周时，至北齐而制度略备，嗣后由唐朱以致与民。虽互有增益，大概悉念北齐之制而扩充之。奴才就各朝所定详加斟量，援古制以为程，揣地形而相度，拟建先蚕坛所，南向，方广二丈六尺，四出陛，于坛之四周广植桑树，建蚕宫正殿五间，配殿六间为亲蚕所，织室五间，茧馆六间，从室二十七间，外建神库九间，蚕宫署九间。至具服殿一区，创自嘉靖年间，从前各朝系用帷幕，均未议建殿宇，现已于图样内照明代将具服画就，如可减盖仿晋唐之制，酌用帷幕，谨绘成图样三张，恭呈御览。③

乾隆七年（公元1742年）先蚕坛落成，随后祭祀先蚕嫘祖的仪式也就在此举行。

---

① （清）张廷玉等：《明史·志·第二十五礼三》，中华书局1974年版。
② （清）俞正燮：《清通考》，卷102。
③ （清）《内务府奏销档》，中国第一历史档案馆藏，第206—208页。

图 1-4　北京先蚕坛（祝鹏程摄）

　　除了宫廷之中的祭祀，嫘祖在民间也有着广泛的信仰。清朝时，嫘祖的祭祀几乎已经涵盖全国，尤其是在丝织业繁荣的地区，几乎遍设祭祀蚕神嫘祖的祠庙。对嫘祖的信仰，最初只是一种祖先崇拜，后来与重要的蚕桑丝织相联系，成为蚕神先蚕，并被纳入宫廷祭祀的正典体系，同时对她的崇拜和祭祀又从上至下广泛传播到民间，成为民间信仰的重要神祇。嫘祖是封建农耕社会的重要文化符号，具有"男耕女织"的文化象征意义，历朝历代统治者通过对"先蚕"的大规模祭祀活动，以达到"劝农蚕桑"的目的，推进养蚕栽桑事业的发展，进而促进农业的发展，带动经济的繁荣。同时嫘祖作为黄帝元妃，是中华女祖，对其祭祀也是追念祖先、推行孝道的体现。

（二）"道神"与"行神"

嫘祖除了被尊为"先蚕"，成为蚕桑丝织之神外，还被尊为"道神"与"行神"。中国古代很早就有祭祀道路之神的习俗，在先秦和两汉的史籍有许多关于这种祭祀的记载，通常被称为"道""祖""祖道"或"行"等。如《仪礼·聘礼》曰："释币于行"，《礼记·月令》载："其祀行"，清朝孙希旦集解："行谓宫内道路之神也……行神所主不同：《月令》'冬祀行'，《聘礼》'释币于行'，此宫中之行神也；《聘礼》记云：'出祖释軷'，軷，祭行神，此国外之行神也。行神皆主道路，但所主不同耳"。行作为五祀之一，祭祀目的是求道路之神的保佑，保障出行之人的平安顺利。这种祭祀道路之神的习俗，一直传承至现代，甚至还传入日本。

关于道神、行神所指，也有多种说法，如相传共工之子修为祖神，东汉应劭所著的《风俗通义》卷八载："共工之子曰修，好远游舟车所至，足迹所达，靡不穷览，故祀以为祖神"。修喜欢旅游，无论是乘舟坐车，还是徒步行路，所到之处皆要畅游一番，所以被作为祖神祭祀。然而，相比较而言，嫘祖的道路之神地位却有着更高的知名度。《汉书·临江闵王刘荣传》载："荣行，祖於江陵北门"，唐朝颜师古注曰："祖者，送行之祭，因馂饮也。昔黄帝之子纍祖好远游而死於道，故后人以为行神也"。《宋书·律历志》引崔寔《四民月令》曰："祖者，道神。黄帝之子（妻）曰嫘祖，好远游，死道路，故祀以为道神。"北宋丁度的《集韵·平脂》中亦有记载："黄帝娶西陵氏女，是为嫘祖。嫘祖好远游，死于道，后人祀以为行神。"南宋罗泌的《路史·疏仡纪》卷十四《黄帝纪上》中，不仅记载了嫘祖作为行神，还有其作为先蚕被祭祀的记述："帝之南游，西陵氏殒于道，式祀于行。以其始蚕，故又祀先蚕"。①

嫘祖作为道神的信仰，在道教兴起后也被纳入道教典籍。《云笈七签》卷一百辑《轩辕本纪》谓："帝周游行时，元妃嫘祖死于道，帝祭之以为祖神。"祖

---

① （宋）罗泌：《路史》，清文渊阁四库全书本，第131页。

神也即道路神，至今在道教的科仪中仍有祭祀道神的相关仪式。

关于嫘祖去世之地，相传是在南岳衡山。清人李元度重修《南岳志》引《湘衡稽古》云："雷祖从（黄）帝南游，死于衡山，遂葬之。今岣嵝有雷祖峰，上有雷祖之墓，谓之先蚕冢。其峰下曰西陵路，盖西陵氏始蚕，后人祀之为先蚕也。"

在中国的民间信仰中，王侯将相死后往往被奉为掌管某种神职的神灵，而所掌管的神职则与其去世之地及原因相关。通过梳理历代的文献，我们可以勾勒出嫘祖成为道路之神的逻辑：喜欢远游的嫘祖，跟随黄帝巡游，后在旅途之中去世，被黄帝祭祀，后人将其尊为"道神""行神"。嫘祖既被作为先蚕，又被奉为"道神""行神"，人们在出行之前祭祀嫘祖，以求旅行平安顺利。可以说，嫘祖不仅是丝绸业的始祖，也是旅游业的守护神。

从中华女祖到蚕桑丝织的行业神，再到守护旅行安全的道之神，嫘祖可以说是中华文明史上重要的始祖，她开创了中华灿烂的丝织文化，开启了中国与世界的交流之门，也为旅游行业的发展保驾护航。关于嫘祖的神话和信仰，广播九州，形成了复杂的空间谱系。

二、嫘祖创世神话空间谱系

嫘祖作为先蚕蚕神，从官方祭祀到民众信仰，相关的神话传说和信仰习俗被不断地传承和传播。伴随着蚕桑文明的发展，嫘祖神话流传到各地，并与当地的地域文化相结合，不断地进行生产和再生产，从而形成了地域广阔的空间谱系。在河南的西平、开封、荥阳、新郑、睢县，湖北的宜昌、远安、安陆、黄冈、浠水，四川的盐亭、茂县、乐山，还有山西的夏县、陕西的白水、山东的费县和浙江的杭州、嘉兴、湖州，江苏的苏州等地，都有关于嫘祖的神话传说、景观遗迹和信仰习俗。

关于嫘祖故里究竟在何地方，学界一直存有争议。许多学者都提出了相应的考据标准，如卫斯提出了三个考察标准：（1）该地应在黄帝的活动地域范围之内，且就在黄帝故里附近；（2）该地不仅在年代上、规模上有足以代表黄帝时期

"西陵氏"部落的文化遗址，而且在地域文化上透析出人工养蚕、缫丝织绸的信息；（3）该地在全新世中期不仅"桑树""野蚕"广泛分布，而且进入历史时期以后，这里人民仍有栽桑育蚕、缫丝织绸的传统，有祀奉嫘祖的习俗和嫘祖发明养蚕的传说故事。① 其他学者的考据标准也大体相似，主要依据西陵地望何在？该地历史上是否存在蚕桑丝织业？该地是否有嫘祖神话及相关遗迹、习俗等存在？

根据西陵地名的考释，据不完全统计，从古至今在中国境内名字为"西陵"的地方有十多处，具体见表1-1：

表1-1　现代地名与西陵地域对照表 ②

现在地名	历史上何时称西陵	文献出处	称西陵时所辖区域	蚕丝生产情况	有否嫘祖传说	备　注
湖北省宜昌市	上古，西陵国	《史记》和传说中的古代中国图	以宜昌为中心，含川东鄂西襄北荆湘地	远古蚕丝生产发达	有嫘祖遗迹和传说	
	上古，西陵部落	《史记选注讲》和部落分布图	以宜昌为中心汉水和长江之间	远古蚕丝生产发达	有嫘祖遗迹和传说	
	战国时期西陵邑	《史记》和战国七雄图	宜昌市西北	远古蚕丝生产发达	有嫘祖遗迹和传说	
	三国时期西陵郡	《史记》和三国吴国志	宜昌市	远古蚕丝生产发达	有嫘祖遗迹和传说	
湖北省黄石市	南朝·梁国西陵县	中国古代地图集南朝·梁国	今黄石市	少有蚕丝生产	未发现	
湖北省黄冈市黄州区	三国时期西陵故城	《史记》和《黄州府志》	今黄州区	有蚕丝生产	未发现	已查明是西阳误刻
湖北省武汉市新州区	汉、晋、南朝西陵县	《水经注》和中国古代地图集	今新州区	蚕丝生产发达	有嫘祖传说	

① 卫斯：《嫘祖故里"西陵"历史地望考——兼论"嫘祖文化圈"内的考古发现》，载高沛编：《嫘祖文化研究》，文物出版社2007年版，第14页。
② 本表在远安县政协文化文史和学习委员会编《嫘祖文化圣地·远安》一书第50页表格基础上修改增补而成。

续表

现在地名	历史上何时称西陵	文献出处	称西陵时所辖区域	蚕丝生产情况	有否嫘祖传说	备　注
湖北省浠水县	三国时吴于此地置有西陵郡	《三国志·吴书·甘宁传》	黄冈市以东的浠水流域			
河南省开封市		南宋《轩辕黄帝传》	帝娶西陵氏于大梁，即河南省开封市			
河南省西平县	西汉时期设西陵县，三国时还置有西陵乡	《武威汉简》、《三国志·魏书·和洽传》	今河南省西平县	蚕丝生产发达	有嫘祖遗迹和传说	
四川省盐亭县	汉置盐亭县何时叫西陵待查	盐亭著《嫘祖研究》	今盐亭县	蚕丝生产发达	有嫘祖遗迹和传说	
四川省茂县	汉置蚕陵县，后改为西陵县	《水经注》和中国古今地名大辞典	今茂县	蚕丝生产发达	有嫘祖传说	
浙江省杭州与绍兴之间地域	东晋时期西陵县	中国古代地图集东晋图	绍兴地区	蚕丝生产发达	有嫘祖传说	
浙江省杭州市	唐朝西陵县	中国古代地图·江南道图	杭州地区	蚕丝生产发达	有嫘祖传说	
	南朝·宋国西陵县	中国古代地图集南朝·宋国	杭州地区	蚕丝生产发达	有嫘祖传说	
山西省夏县	在西阴村出土有半个蚕茧有西陵传闻	传闻	今夏县	远古蚕丝生产发达	有嫘祖传说	

在这些古称西陵的地方，嫘祖的神话和相关遗迹最为丰富的是湖北、河南、四川几个地方，下面简单进行介绍：

1. 湖北省宜昌市

湖北省宜昌市，古称西陵，境内有山名西陵山，相处西陵峡即因西陵山而得名。西陵山庙又名嫘祖庙，庙中供奉黄帝元妃先蚕嫘祖。传说每年农历三月十五日是嫘祖生辰，当地都会举行庙会祭祀，香火旺盛。原庙毁于 1940 年 6 月日本侵略军的炮火，1994 年 7 月重新建成。

图 1-5　宜昌西陵山嫘祖庙（邱安凤提供）

宜昌市有丰富的嫘祖文化遗存，当地不仅有流传千古的嫘祖神话和相关祭祀活动，还产生了嫘（雷）家冲、嫘（雷）公山、茧沟、蚕母娘湾、鹰儿寨等地名，并修建了嫘祖庙、嫘祖碑、嫘祖像、嫘祖坛、嫘祖牌坊、嫘祖文化村、嫘祖祭祀广场等物象景观。

宜昌不仅有流传至今的嫘祖神话和相关遗迹，还曾发现多处新石器时代遗址，出土了距今 5000—7000 年前的大量纺织用具，如陶纺轮、骨针、骨锥等。在历史发展过程中，宜昌的蚕桑丝织业繁荣兴盛，不仅发明了蚕蔟、蚕架、缫丝车、纺车、织机等生产工具，下辖的远安县苟家垭镇，还盛产著名的蚕丝——"垭丝"，不仅是上贡朝廷的贡品，在近代时还出口海外。苟家垭镇还相传是嫘祖的故乡，2001 年与望家乡合并组建荷花镇，2014 年又更名为嫘祖镇。

图 1-6　湖北宜昌远安嫘祖传说中有关地名位置图（邱安凤提供）

在湖北宜昌远安县的嫘祖镇，每年农历三月十五日都会举办专门祭拜嫘祖的祭祈盛会——嫘祖庙会。2007 年"嫘祖庙会"被列入首批湖北省非物质文化遗产名录；2008 年嫘祖镇被评为"中国民间文化艺术之乡"；同年，源自远安嫘祖祭祀民俗活动中的民间吹打乐——"远安呜音"，被国务院列入第二批国家级非物质文化遗产保护名录。2011 年，以祭拜典仪为核心内容的远安"嫘祖信俗"被国务院列入第三批国家级非物质文化遗产保护名录。

2. 河南省西平县

河南省西平县，古称西陵，因西陵平夷而得名，隶属河南省驻马店市，地处河南省中南部。关于嫘祖故里西平说，多位学者从不同角度进行了论证。如高沛根据郦道元的《水经注》中"西陵平夷，故曰西平"之语，认为西平古称西陵，蚕神嫘祖应当是西平人。[①] 这一判断标准，也为后来多位学者的论证提供了依据。马世之则从考古学的角度，分析了嫘祖文化与炎黄文化的关系，提出"嫘祖文化为炎黄文化的亚文化"，"嫘祖故里在西平"的结论。[②] 卫斯提出嫘祖故里"西陵"应具备三个条件，通过论证，认为只有西平一处完全满足三个条件[③]。蔡全法则从西平董桥遗址的地理环境、文化年代、考古发现、社会性质等因素分析了西陵氏族在仰韶早期的部族生存状况，提出西平的董桥为蚕神嫘祖的故乡[④]。

西平县吕店乡董桥村曾发现仰韶文化遗址，发现了很多的陶器残片、石器工具，根据考古专家判断，董桥遗址属于仰韶文化的中晚段，距今约有 5000 年至 6000 年，与黄帝、嫘祖活动时期相吻合。西平自古沃野百里、桑树遍地，非常适宜于种桑养蚕，当地流传着许多嫘祖首倡养蚕植桑的神话。相传嫘祖从蜘蛛网中受到启发，利用蚕丝织成了衣服，并首创丝织业。西平境内的蜘蛛山，相传就是嫘祖观察蜘蛛织网和发明养蚕缲丝的地方。山上原有嫘祖庙，每年农历四月二十三日，当地群众都要举办传统的嫘祖庙会，缅怀追思先蚕嫘祖。除此之外，在西平县城及师灵岗、五沟营镇、专探乡、吕店乡、出山镇，还有多处嫘祖庙，西平县西小孟庄村北还有嫘祖陵等遗迹。自古以来，西平蚕桑丝织业发达，人们植桑养蚕、祭祀嫘祖，形成了浓厚的嫘祖文化。2006 年，西平县董桥遗址被公布为河南省重点文物保护单位；2007 年，西平县的"嫘祖祭典"被列入第一批河南省省级非物质文化遗产名录，同年，西平县还被中国民间文艺家协会命名为"中国嫘祖文化之乡"。

---

① 高沛、谢文华、高威、康晓华、陈向阳：《嫘祖故里在西平》，《决策探索》2007 年第 8 期。

② 马世之：《嫘祖与嫘祖故里》，《天中学刊》2006 年第 6 期。

③ 卫斯：《嫘祖故里"西陵"历史地望考——兼论"嫘祖文化圈"内的考古发现》，《农业考古》2007 年第 1 期。

④ 蔡全法：《从西平董桥遗址看西陵氏族之兴起》，载高沛编：《嫘祖文化研究》，文物出版社 2007 年版，第 75—85 页。

图 1-7 河南西平嫘祖陵（冀荟竹提供）

3. 四川省盐亭县

四川省盐亭县被称为"嫘祖故里"的重要依据，是唐代的《嫘祖圣地》碑文，盐亭县金鸡镇嫘祖山的嫘轩宫重建后，唐代著名的纵横家、韬略家、李白之师——赵蕤为其撰写了《嫘祖圣地》①这一碑文：

学优则仕，于我如浮云。高卧长坪，抚琴弄鹤，漱石枕流，乐在其中矣！当是时也，青龙场嫘轩宫修葺告成，乞序于余。余不负其三顾之忱，爰为之序。曰：女中圣贤王凤，黄帝元妃嫘祖，生于本邑嫘祖山，殁于衡阳道，尊嘱葬于青龙之首，碑碣尤存。生前首创种桑养蚕之法，抽丝编绢之

———————————

① 岳定海、王德奎、李照明：《嫘祖故里大揭秘》，伊犁人民出版社 1998 年版，第 169—170 页。

术；谏诤黄帝，旨定农桑，法制衣裳，兴嫁娶，尚礼仪，架宫室，奠国基，统一中原，弼政之功；殁世不忘，是以尊为先蚕！

后山青龙场，全貌焕然。黎庶交易，百物咸集，惟丝绸繁多；嫘轩宫托月，则尤为壮观。

嫘轩宫踞地千丈，总殿五层。宫前设先蚕坛，宫内塑王母、轩辕、嫘祖、伏羲、燧人、神农、岐伯、风后、常伯等一百二十六尊圣像。宫之前殿为嫘祖殿，敬塑嫘祖、马头娘菀窳、寓氏公主三尊圣像。宫之左右各一长廊，上具桑林殿、育蚕殿、烘茧殿、抽丝殿、编绢殿、制衣殿。

忆宫史，据前碑所志，补建于蜀王之先祖蚕丛；后文翁治蜀，大加阔筑；历经兵燹，已三缺三圆矣。古帝耕籍田，后桑蚕宫，春不夺农时，即有食；夏不夺蚕工，即有衣。衣食足而后礼乐兴焉，皇图巩焉。是以岁在正月朔八至二月初十，天子庶民，祭祀先蚕，典礼之隆，全然帝王祭祀先农之尊。

远瞩崇山峻岭，晚霞朝景，如仙山神岛、玉殿晶宫；俯瞰仰望，虎踞龙盘，狮吼雷鸣，九龙捧圣，八仙朝尊。物华天宝，人杰地灵，信哉，女圣嫘祖诞生之地矣！泐石铭碑，以诚后嗣。集首创之大成，薪火相继。玉振金声，同日月齐辉，与天地并寿！

赵蕤　　谨题
大唐开元二十一年二月谷旦补竖

这篇碑文不仅讲述了嫘祖出生归葬均在本地，而且对嫘祖的丰功伟绩进行了总结，还描述了嫘轩宫的宏伟和祭祀嫘祖之俗的隆盛。实际上，四川省盐亭县之所以被称为"嫘祖故里"，不仅是因为这一碑文，更是因为当地有丰富的嫘祖神话传说和相关的遗迹。

在四川的盐亭境内，不仅有反映嫘祖文化的遗迹，如嫘祖陵、嫘祖穴、嫘祖坪、嫘祖山、嫘祖坝、嫘祖坟、嫘轩宫、嫘祖庙、轩辕坡、嫘祖井、先蚕楼、先蚕塔、嫘宫山、西陵寺、嫘祖印等，还有反映蚕桑丝绸的遗迹，如桑林坡、吉树坡、蚕丝山、丝姑垭、茧子山、丝源山、水丝山、丝织坪、丝姥山、西陵绸、蚕

《山海经》、《水经注》、《平阳国志》等诸多史料记载：古西陵鸦今曰盐亭，嫘道诞生于此

"黄帝居轩辕之丘，而娶于西陵之女，是为嫘祖。"
——《史记》

图1-8　四川省盐亭县博物馆黄帝嫘祖图片（陈玉堂提供）

姑庙、锦机台等。同时，县境内还出土了大量远古蚕桑文物，如古桑树化石、古桑残骸、金蚕、陶蚕房、陶茧、陶缫丝盆、陶缫丝架、嫘祖轩辕石像等。此外，在盐亭还流传着许多关于嫘祖的神话传说，如《彩凤投怀生嫘祖》《天虫家养织丝绢》《含茧化丝》《四方奔走教民养蚕》《嫘祖遇旋风发明缫丝车》《紫霞坪试养家蚕》《西陵宫嫘祖赠丝衣》《黄帝西陵纳元妃》等，描述了黄帝元妃嫘祖诞生在盐亭金鸡镇，发明养蚕、抽丝、编绢等故事。2007年，盐亭《蚕丝祖神传说》（嫘祖传说），被四川省人民政府列入第一批省级非物质文化遗产名录。绵阳市非物质文化遗产"藏丝洞传说"，反映了盐亭古时生丝保管、贮藏方法。此外，四川省非物质文化遗产"蚕姑庙会""耍蚕龙""桃子龙""水龙"，则反映了盐亭民间祭祀嫘祖系列活动的场面。

图 1-9　四川省非物质文化遗产"耍蚕龙"（柯小杰提供）

当然，以上所列仅仅是较具代表性的地方，有关嫘祖的神话传说和信仰广布九州，基本分布在长江流域和黄河流域两条平行带上，从长江流域的四川、湖北、湖南、浙江、江苏，到黄河流域的山西、河南、山东，基本都是或历史上曾经是蚕桑丝织业的重要地区。蚕桑丝织产业的发展，与嫘祖神话和蚕神信仰密切相关。直至今日，许多蚕桑丝织业发达的地区仍然有着浓厚的蚕神信仰习俗。虽然历经历史的风雨，许多曾经供奉嫘祖的庙宇已经消失不见了，但我们仍可以发现嫘祖信仰曾经的辉煌。

三、嫘祖创世神话图像谱系

神话作为一种神圣叙事，是集语言文字叙事、图像景观叙事、仪式行为叙事于一体的综合叙事体系。早期的神话研究主要集中于书面文本，自马林诺夫斯基开始，神话研究者也关注口头叙事文本，而后由于考古学的发展，使得对神话的研究扩展到图像领域。图像作为神话叙事的重要媒介，近年来日益受到学者的重视。然而目前神话图像的研究还相对较为薄弱，已有的研究大多集中于某种单一的图像，从图像谱系的角度解读神话还需要更多的深入研究。

有关嫘祖的创世神话，既记载于各类古籍文献里，又流传于人们的口耳之中，同时，还存在于各类图像之中。这些图像涵盖了画像石、壁画、绘画、插图、塑像等多种形式，包括了发明养蚕缫丝、蚕神献丝、与黄帝成亲、推广蚕桑技术、客死道中等主题，共同构成了立体多元的嫘祖神话图像谱系。

神话图像谱系着眼于神话图像的整体性与联系性，这种整体性与联系性体现在图像演进所构建起的时间谱系、不同地域神灵庙宇构建起的空间谱系、图像内容构成的关系谱系，以及图像叙事的形式谱系。就嫘祖创世神话图像而言，嫘祖形象经历了从黄帝元妃到先蚕、从宫廷到民间的扩展变化，相关的神话传说和信仰遍及华夏，作为先蚕又与其他蚕神有着千丝万缕的联系，而不同的载体所呈现出的嫘祖图像又相互影响，这些共同构成了整体联系性的嫘祖神话图像谱系。

（一）个体图像要素

在神话图像叙事中，神话人物的形象是基础，它所包含的个体形象要素，如面容、体貌、服饰、工具、武器等，可以有助于人们在不借助于语言文字的帮助下迅速分辨出图像中的神话人物，这在无文字社会及目不识丁的下层民众中尤为重要。创世神话人物的个体图像要素，不仅表现了其主要的功绩，而且可以反映其主要性格特征。在神话图像的传承过程中，这些要素被不断总结提炼和强化，而呈现出日趋稳定的特征，并在广大民众中形成了广泛的认同。

对于嫘祖神话而言，其个体图像也有着典型的元素，这些元素反映了嫘祖的身份及功绩等重要信息。

1. 容貌：美与丑

关于嫘祖的形象，大多数图像中都是一个容貌秀丽的女子，只不过又根据图像所表现的内容，而有年龄、身份的差别。婚前的嫘祖是少女的形象，而嫁给黄帝之后则是妇人的形象，元妃的身份又使得其衣饰华丽。在教民养蚕制丝的图像中，又有平民蚕妇的形象出现。然而整体来说，其形象基本都是面容姣好。

实际上，在民间的神话传说中，嫘祖的外貌有美若天仙和长相粗黑两种截然不同的叙事。如在河南荥阳、开封一带流传的神话传说中，嫘祖有着美若天仙的外貌。传说有熊国与邻近国家结为联盟，推举轩辕黄帝为盟主；西陵国把织出的丝绸送给轩辕黄帝，轩辕黄帝见后啧啧称奇。他带领随从来到西陵国，被美丽多才的嫘祖深深吸引。二人一见钟情，选吉日六月初六成婚。轩辕黄帝亲驾马车，把嫘祖迎娶到有熊国。[①] 而在新郑民间口头文本《黄帝选妻》中，嫘祖则是长相粗黑。传说轩辕黄帝整日为百姓费心操劳，耽误了自己的婚姻大事，引得父母双亲和身边老臣着急。一天，黄帝打猎来到西山，看见山头大桑树下，一女子正跪在树旁往外吐丝。黄帝得知该女子为王母娘娘身边的侍女，因犯了天规，凭外力获得了吐丝的超凡能力。黄帝见嫘祖有大本事，便不顾她长相粗黑，与她成婚。自从嫘祖来到轩辕部族，这里的人们学会了纺纱织锦。人们为了纪念嫘祖的功绩，将她供奉为织机房祖神。[②]

关于嫘祖外貌丑陋的说法，有多种解释。吴晓东认为黄帝与嫘祖的原型是太阳与月亮，嫘祖外形丑陋是与其月亮神格相关，因为太阳出现象征着光明、生命，而月亮出现象征着黑暗、死亡。[③] 笔者认为，嫘祖丑陋的叙事，是为凸显其养蚕制丝的高超本领，树立黄帝不为美色更重才能的形象。此外，还有另外一种可能，即民间将嫘祖与另一位长相丑陋的黄帝妃子嫫母相混淆了，认为嫘祖的长相也不漂亮。

当然，在现代的绘画和雕塑中，基本都是将嫘祖刻画为一位貌美的女子，正如远安嫘祖文化园嫘祖像设计时，"多位专家反复切磋后，建议以符合现代的审美观来塑造嫘祖形象，挖掘新的时代精神"。[④]

2. 所穿服饰：树叶兽皮、交领襦裙、凤冠霞帔

嫘祖生活于远古蛮荒之时，在其发明养蚕织丝之前，人们依然披树叶着兽皮，所以在一些嫘祖神话图像中，嫘祖也是披树叶着兽皮的形象。

随着社会的发展，当嫘祖被作为人文女祖形象祭祀时，其所穿着服饰也发生了变化，交领右衽中腰襦裙成为其服饰形象之一。交领右衽是汉服的典型特点，是华夏民族与周边族群服饰的重要区别。《尚书·毕命》曰："四夷左衽，罔不咸赖。"《战国策》也载："被发文身，错臂左衽，瓯越之民也。"嫘祖作为黄帝元

---

① 李贵喜：《西陵嫘祖》，中国广播电视出版社 2010 年版，第 17—19 页。

② 李新明：《轩辕故里的传说》，中原农民出版社 1990 年版，第 3—5 页。

③ 吴晓东：《论蚕神话与日月神话的融合》，《贵州民族大学学报》（哲学社会科学版）2018 年第 3 期。

④ 邱安凤：《嫘祖文化园建设始末》，《嫘祖文化圣地·远安》，内部资料，2021 年，第 100 页。

妃，华夏民族的人文女祖，其服饰自然也具有典型的民族特征。

嫘祖作为黄帝元妃，身份尊贵，在一些图像中，其形象则是凤冠霞帔的皇后形象。这种形象也出现在部分蚕神图中，现代庙宇中的一些塑像也是采用这一形象。

（三）所持之物：蚕丝、蚕茧、纺轮、梭子、笏板

嫘祖作为发明蚕桑丝织的先蚕蚕神，手捧蚕丝是其经典形象，是"蚕神献丝"的真实写照。除此之外，手拿蚕茧或纺轮、梭子等纺织工具，也是嫘祖的重要形象，反映了其教民养蚕织丝的伟大功绩。

在部分蚕神图或者现代庙宇雕塑中，嫘祖则是手持笏板的形象。笏板既是礼器也是法器，同时也是记事器。公卿官吏每天上早朝时，手持笏板，既可遮面，以免惊驾，也方便记录所奏之事。后被道教广泛使用。嫘祖信仰被纳入道教之中，其形象也具有了道教神灵的典型特征。

（二）嫘祖神话图像内容谱系

嫘祖神话图像谱系虽然以内容为主，但也隐含着嫘祖神话的历时演进逻辑。嫘祖神话图像的内容谱系，大体可以分为螺女神、黄帝元妃、教民始蚕、先蚕蚕神四个主题。

1. 螺女神

顾颉刚"禹是一条虫"的论断，开拓了神话人物动物形原始样貌特征的研究路径。在原始神话著作《山海经》中，许多神的早期样貌都是半人半动物形态的，这实际上源于原始社会的万物有灵思想，出于对动物、植物等自然物的崇拜，人们创造出的神往往也是以动植物为原型。而后随着生产力水平的提高和社会的进步，人们面对大自然时的能力不断提高，自我意识逐步觉醒，相应的所创造的神灵也就逐渐有了人的形态特征。嫘祖的早期形象实际上也是半人半动物形态的神灵——螺女神。

螺生活于江河湖海之中，为人们的日常生活提供了所需的美食。螺蛳的现实功能催生了人们的喜爱和信仰。在中国，先民们对螺蛳的信仰由来已久。早在战国时期，人们就以螺为征兆来占卜凶吉。螺蛳的柔软润滑特性，使其与女性联系起来。而其生活于阴性的水中，则使其发展为同属阴性神的月神。

在古代，"嫘""螺"等字音近义同，互为通假，嫘祖也常写作螺祖。吴晓东

从读音和字形的角度切入，对蚕神话进行了解读，认为黄帝与嫘祖的原型是太阳与月亮。月亮神的名称与"糸"音同音近，逐渐与蚕神话相结合，而嫘祖也就具有了先蚕的身份。①

在一些地方的神话传说中，嫘祖就是诞生于巨大的螺壳之中。如在湖北远安，相传嫘祖又名雷祖，是雷公的女儿，下凡来帮助百姓的。其下凡时乘坐的风云驾就是一个巨大的螺蛳壳，人们在螺壳里发现了啼哭的女婴即雷祖。②

近年来，在河南、山东等地出土的汉画像石上，发现了一些螺女的造型图像。这些螺女造型简约大气，极富特色。如图1-10中的螺女神，人首螺身，身体前倾，从螺壳中爬出，伸手向前。

图1-10 螺女神、应龙，南阳汉画馆藏（冀荟竹提供）

这块画像石出土于河南省南阳市北郊七里园乡达士营村邢营一号墓（位于独山东麓，墓东千余米即白河），128×40厘米，画面左刻一螺女神，人首螺身，右刻一应龙。这幅螺神画像胸部刻有"且"字文饰，"且"通"祖"，螺的造型加上且字刻画共同组成了"嫘祖"。

与之相似，下面这副画像石中也有一个盘旋状的大螺女神像。在这副画像石中，画左一三首神怪，身如覆钟，三颈顶端各有一戴冠人首；其右下方一人首龙身之神。龙神右上方是螺神，造型犹如盘旋的绳索，可以说是发明丝线纺织的螺

---

① 吴晓东：《论蚕神话与日月神话的融合》，《贵州民族大学学报》（哲学社会科学版）2018年第3期。

② 段家树：《衣身始祖——雷（嫘）祖的传说——一个流传在古临沮（今远安县）的民间传说》，《我来远安五十年》，中国文联出版社2006年版，第187—189页。

祖的异形图像。

图 1-11　三首神人、大螺（159×58 厘米），南阳市邢营一号墓出土，南阳汉画馆藏（冀荟竹提供）

螺女神的画像石并不鲜见，图 1-12 这幅画像石，画左刻一龙，张口翘角曲颈，迈四足，长尾迎向其前之螺。螺女从螺壳（残）中探出头，两臂作前伸状。与图 1-10 有异曲同工之妙，不同的是，螺壳的形状有些差异。

图 1-12　龙戏螺女（224×46 厘米），征集于南阳市，南阳汉画馆藏（冀荟竹提供）

当然，仅凭螺的造型就判断其为嫘祖神话的早期图像，还不足以令人信服，画像石大都没有文字，只有更为丰富的图案才有助于进一步解读图像的含义。下面这幅图就增加了新的元素。画面中饰有云气，画面左刻一二首神人，中刻一三首神人，中间有四星连线成呈菱形，旁边散落三颗星，右刻一轮状大螺，大螺周围环绕着四颗星。将这些星对照二十八星宿，可以发现与东方苍龙七宿的心、氐、房相近。房星天驷曾被人们作为先蚕进行祭祀，而嫘祖后来也被尊为先蚕，画像石中的螺神极有可能就是嫘祖的早期形象。

图1-13 三头神、大螺神、星宿（173×55厘米），征集于南阳县十里铺
（南阳市南面的白河东岸），南阳汉画馆藏

2. 黄帝元妃

嫘祖作为黄帝元妃，具有人文女祖的重要地位。关于嫘祖黄帝元妃的图像，主要反映了嫘祖的黄帝正妻身份，其图像的背景往往是宫廷，图像的主要人物一般还包括黄帝，如图1-14所示：黄帝进入后宫，元妃出门迎接。从图像中可以看出，人物的服饰造型都具有典型的明代风格，而两人的相处模式也极具明代宫廷特色。

图1-14 明《列国前编十二朝传》插图，《元妃出接帝入后宫》[1]

————————

[1] 《古本小说集成·列国前编十二朝》，上海古籍出版社2017年版，第178页。

还有图1-15：黄帝同元妃议论国事。黄帝与元妃嫘祖相邻而坐，讨论国家大事。

图1-15　明《列国前编十二朝传》插图，《黄帝同元（妃）议论国事》①

3. 教民始蚕

伴随着蚕桑丝织业的发展，嫘祖作为黄帝元妃，逐渐与蚕神信仰相结合，而成为先蚕蚕神。相关的神话传说也主要围绕着蚕神献丝、教民养蚕、劝农蚕桑等主题展开叙事。宋代，随着养蚕缫丝技术的提高以及商品经济日趋发达，桑蚕生产逐渐在国民经济中占据了重要地位，民间流传的嫘祖教民始蚕神话也进入了盛行期。《路史·后记五》载："（黄帝）命西陵氏劝蚕稼，月大火而浴种。夫人服纬而躬桑，乃献茧丝，遂称织维之功。"②《通鉴前编外纪》对嫘祖"治丝养蚕，供衣服，后世祀为先蚕"的事迹也做了介绍。此时期的嫘祖教民始蚕神话与嫘祖的元妃身份密切相关，因此在宋元时期的嫘祖神话图像中，嫘祖常以后妃形象出现，如图1-16：

---

① 《古本小说集成·列国前编十二朝》，上海古籍出版社2017年版，第179页。
② （宋）罗泌撰：《路史》（四部备要本），中华书局1936年版，第87页。

图 1-16　元代王祯《农书》插图

　　明清时期，插图历史小说盛行，反映早期历史的如《列国前编十二朝传》等小说中往往插入嫘祖神话图像。其中描绘的嫘祖形象与生活场景也往往具有宫廷后妃式的华贵感，如图 1-17：

图 1-17　明《列国前编十二朝传》插图，《元妃教臣有蚕》①

---

　　① 《古本小说集成·列国前编十二朝》，上海古籍出版社 2017 年版，第 146 页。

在一些黄帝与嫘祖的图像中，也表现了嫘祖劝黄帝发展蚕桑事业的主题。如图 1-18：

图 1-18　明《列国前编十二朝传》插图，《元妃奏帝用蚕茧丝》①

该图为明代小说《列国前编十二朝传》的插图，题为《元妃奏帝用蚕茧丝》，表现的是嫘祖向黄帝建议普及养蚕技术的情景，它讲述的是桑蚕劳动技术的推广与普及；此外，还有表现嫘祖教民始蚕的图像，主要讲述的是桑蚕劳动技术的传承，往往以劳动空间（如蚕室）为背景，如图 1-19。

该图为清光绪庚寅（1890 年）印行的《廿四史通俗演义》（广百宋斋石印本）插图，题为《西陵氏教民始蚕》。

到了民国时期，随着社会制度的变革，民众的思想也得到了一定程度的解放，对平等、自由等理想的追求使得当时

图 1-19　清《廿四史通俗演义》插图，《西陵氏教民始蚕》②

① 《古本小说集成·列国前编十二朝》，上海古籍出版社 2017 年版，第 180 页。

② （清）新昌、吕抚辑：《廿四史通俗演义》（上），浙江人民出版社 1985 年版，前言页三左。

一些反映嫘祖故事的小说插图画面发生了较大变化。其中最重要的变化就是嫘祖形象由后妃到普通劳动妇女的变化，如图1-20：

图 1-20 民国《二十五史通俗演义》插图，《西陵氏教民始蚕》①

该图是民国37年（1948年）广益书局所刊的《二十五史通俗演义》中的插图，题为《西陵氏教民始蚕》。图画右侧坐姿妇女应该就是西陵氏嫘祖，从衣着打扮到行动都与普通劳动女性无异。这种形象是对此前嫘祖形象的大颠覆。

4. 先蚕蚕神

嫘祖蚕神图像主要反映的是民众对嫘祖始蚕的崇拜和对其功绩的纪念，主要包括祠庙中的塑像与年画等。但由于历史的变迁，古代年画与塑像已比较少见，但我们可以通过对现代塑像与年画的考察，追寻古代蚕神图像的踪影，如图1-22所示：该图是山东潍坊地区的墨线年画，主题为《蚕姑宫》，表现的是民众祈求蚕神护佑蚕宝宝顺利成长的情景。画面上方有三尊神像，居中手捧蚕宝宝的就是

---

① （清）吕安世辑：《二十五史通俗演义》，广益书局1948年版，前言页三。

蚕神。从蚕神两侧的陪神如同大臣那样手持玉圭的造型来看，居中的蚕神正是作为黄帝元妃的嫘祖。

图 1-21 山东潍坊墨线年画，《蚕姑宫》(竖披 45×24 厘米)，明代版印（老版新印），万盛画店杨志滨收藏

山东古代农民多以养蚕为业，因此将"蚕姑"供奉家中，乞求保佑蚕业有好收成。此幅蚕姑神像共分三层：上绘蚕姑神，中绘喂养蚕虫，下绘蚕女采桑。画版已残缺不全，故中层以下部分皆不存。现尚有翻刻本流传，从中可知全貌。①

---

① 冯骥才：《中国木版年画集成·杨家埠卷》，中华书局 2005 年版，第 57 页。

实际上，中国的蚕神系统非常丰富，除了嫘祖之外，还有菀窳妇人、寓氏公主、蚕丛、马明王、蚕花五圣、紫姑、三姑等也被作为蚕神供奉。这些蚕神不能简单的以官方信仰与民间信仰进行二元划分，嫘祖虽然是官方正祀的重要蚕神，但在民间也有广大的信众。嫘祖与其他的一些蚕神虽有区别，但又相互渗透，有着千丝万缕的联系。

有些地方传说嫘祖就是马头娘，马头娘的传说也被附会于嫘祖神话之中。如在山西夏县西阴村嫘祖祠里，中间供奉的是嫘祖，但壁画上画的却是马头娘的传说。这一传说与《搜神记》中《马皮蚕女》的传说具有相似性，是将"马头娘化身成蚕"的传说与"嫘祖发明养蚕"的神话进行了拼接。

图 1-22 《三教源流搜神大全》中的蚕女插图[1]

---

[1] （宋）《三教源流搜神大全七卷》，郎園先生全書民國二十四年長沙中國古書刊印社匯印本，第37页。

图 1-23　浙江湖州含山蚕花圣殿内蚕花娘娘塑像（彭佳琪摄）

　　在湖州，又有蚕花娘娘的传说与《搜神记》中的记载相似，只是马和女化为桑树，蚕农由此开始祭祀蚕花娘娘，所以在湖州蚕花娘娘的形象是蚕女和白马的结合。

　　据清光绪《嘉兴府志》载："马头娘，今佛寺中亦有塑像，妇饰而乘马，称马鸣王菩萨，乡人多拜之"。马鸣王本是印度佛教中的人物，本身与蚕丝生产并没有关系，在佛教传入我国后，逐渐被蚕农改造作为蚕神来祭祀。关于马鸣王，民间也有传说将其与嫘祖相联系。传说"元始天尊"看见凡人没有衣被御寒，十分可怜，于是化为"马鸣王菩萨"，而外形变成蚕儿，并让他的女儿托生人间，成为黄帝的元妃，教人养蚕。

　　马鸣王通常也写作马明王，清代翟灏的《通俗编》（无不宜斋本）卷十九引《七修类稿》："所谓马头娘，《荀子·蚕赋》'身女好而头马首'一语附会，俗称马明王。明王乃神之通号，或作鸣，非。"在杭嘉湖地区，就有许多供奉马明王的庙宇，如明代田汝成的《西湖游览志》卷云："北高峰，石磴数百级……山半有马明王庙，春月，祈蚕者咸往焉。"此外，在民俗年画中也常有马明王的内容。如苏州桃花坞刷印的彩色木版年画《蚕花茂盛》，蚕神马明王簪冠穿裙，手捧蚕茧骑于花马之上，后一侍女擎旗随行，旗上绣着"马明王"三字。

图 1-24　版画《蚕花茂盛》中的马明王 ①

在巴蜀地区，嫘祖则与蚕丛又有联系。蚕丛是古蜀国第一代蜀王，据《三教源流搜神大全》记载，蚕丛曾教民众植桑养蚕，因此被尊为蚕神。宋代高承《事物纪原》卷八《蚕市》云："仙传拾遗曰：蜀蚕丛氏王蜀，教人蚕桑，作金蚕数千。每岁首出之以给民家，每给一所养之，蚕必繁孳，罢即归于王。王巡境内，所止之处，蚕成市。蜀人因其遗事，每年春有蚕市也。"② 因为蚕丛常穿青衣巡行

---

① 中国版画全集编辑委员会编：《中国版画全集第二卷民俗版画》，紫禁城出版社 2008 年版，第 130 页。

② （宋）高承：《事物纪原》，清惜阴轩丛书本，第 187 页。

郊野教民养蚕，所以人们也称之为青衣神。有学者认为嫘祖也是青衣神，其主要依据是《汉书·地理志》记载"蜀都有蚕陵县"①，而《水经注》官本"蚕陵"刻作"西陵"，西陵氏即为蚕陵氏，蚕陵为蚕丛陵墓，嫘祖与蚕丛氏同地同族，是蚕丛氏（西陵氏）女首领，所以也是青衣神。而李膺《益州记》载："青衣神号雷槌庙，即《华阳国志》之雷垣也。班固以为离堆。下有石室，名玉女房，盖此神耳。"②从中可以看出青衣神是"玉女"的女性形象。嫘祖又名"雷祖"，四川境内多处"离堆""雷垣""雷槌"与"雷祖""嫘祖"均为同音不同字，因此，雷槌庙就是嫘祖庙，嫘祖就是青衣神。

图 1-25　《三教源流搜神大全》中的青衣神插图③

①　（东汉）班固撰：《汉书》第 6 册，中华书局 1962 年版，第 1958 页。
②　（北宋）乐史撰：《宋本太平寰宇记》，中华书局 2000 年版，第 78 页。
③　（宋）《三教源流搜神大全七卷》，郎園先生全书民國二十四年長沙中國古書刊印社匯印本，第 81 页。

蜀地蚕丛氏青衣神，传到杭嘉湖地区发生了蜕变，其纵目形象逐渐衍化成三眼六手的"蚕花五圣"，然而"蚕花五圣"的形象有些狰狞，故在一些地区又进一步衍化为英俊的男性形象，如乌镇一带的"蚕花太子"，还有含山的"寒山太子"。

图 1-26　浙江湖州含山蚕花圣殿内寒山太子塑像（彭佳琪摄）

此外，"蚕花五圣"在发展过程中，还与"五圣"相混淆，"五圣"掌管着各种生产活动，通过对"五圣"的祭祀，劳动人民祈求生产的顺利和丰收。民间祭祀时借用"五圣"之名而引起讹变，经过民间的加工，五圣从五个神祇变成了一个神，成为与湖州蚕桑生产相关的地方蚕神。

《武林旧事》川（卷六），记有南宋时杭州已有"印马作坊"，大量刷印"纸马"。图 1-27 为养蚕农户祀奉的"蚕神"（蚕花五圣）纸马。

图 1-27　蚕花五圣　清朝杭州挂钱彩色套印（纵 32.5 厘米横 24 厘米）,《中国民间年画史图录》

通过以上简单的梳理，我们可以发现嫘祖神话图像谱系的内容非常丰富，无论是历时的时间谱系，还是不同地域所构建起的空间谱系，抑或与其他人文始祖、蚕神构成的神职谱系，都是一个庞杂繁复的系统。当我们分析嫘祖神话图像时，也发现有些图像缺乏鲜明的特征，如果没有文字的解释，就无法将其与其他女神区别开来。图像人物个性特征的缺失，加上图像间的对比分析不足，使得嫘祖神话的图像谱系显得有些散乱，不利于嫘祖神话的传承和保护。因此，为了重新建构嫘祖神话的图像谱系，为嫘祖神话的传承保护构建认同基础，我们需要进一步梳理嫘祖神话图像的历史演进过程，分析嫘祖神话图像的内容类型、形式谱系。

嫘祖神话图像谱系，包括图像演进的时间谱系、图像内容的关系谱系和图像叙事的形式谱系。图像叙事的形式谱系，就是神话图像所依赖的艺术表现形式所构成的谱系。不同艺术表现形式所呈现出的嫘祖图像相互联系相互影响，共同构成了嫘祖神话图像的形式谱系。这些艺术表现形式包括考古图像、古代绘画、古典插图、庙宇塑像、现代创意图像。接下来，本书将分别按照这五种形式对嫘祖神话图像进行分析。

第二章　嫘祖创世神话考古图像

嫘祖创世神话考古图像指以嫘祖神话为主题或与之相关的考古遗址、文物、碑刻、建筑物等形式的图像。其中，既包括与嫘祖神话相关的考古遗址、文物，记录嫘祖神话文字的青铜器与石碑，还包括与蚕桑丝织相关的文物图像。

考古图像是神话图像的重要组成部分，是神话历史化的重要佐证。神话与历史有着千丝万缕的联系，远古无文字时期，神话既是当时社会生活的写照，也是文化传承的重要载体。进入文明社会以后，历史逐渐由文字书写，神话也被历史化改造以更加合理。创世神话中的主角，兼具天神和始祖神的身份，他们一方面具有神话中的神圣力量，另一方面又是历史上的始祖，发明创造了各种文明事象。嫘祖创世神话考古图像，虽然也包含了嫘祖神话的神圣性和神秘性，但更多的是与蚕桑丝织相关的考古遗址、文物等历史资料。这些考古图像反映了黄帝嫘祖生活时期的社会发展状况，如仰韶遗址及其出土文物；其中有些文物是直接记录了嫘祖的事迹，还有一些文物则是将黄帝嫘祖神话作为历史来看待的证明。

本章对考古图像的排列，既注意按照历史发展的顺序展示，又注意它们的地域分布。主要按照历史发展的先后顺序排列，如果某一朝代与嫘祖神话相关的考古图像较多，再按照地域空间集中展示，然后在同一空间内再按照时间顺序进行排列。

一、遗　址

图 2-1　西阴文化遗址

西阴文化遗址位于山西省夏县尉郭乡西阴村西北部一高地，俗称"灰土岭"
的地方，是一处新石器时代早期文化遗址。遗址总面积约 30 万平方米，其范围
西北隔鸣条岗近涑水河，东南隔青龙河依中条山。南至西阴村南今"嫘祖庙"一
带，北至"灰土岭"边缘，东至村东一条南北向小路；东西长 600 米，南北宽
500 米，总面积约 30 万平方米。西阴文化遗址是世界蚕文化和人类文明的发源
地，1926 年被发现和发掘，由考古学家李济主持，该遗址是中国考古学者发现
并主持发掘的第一处新石器时代文化遗址，也是中国人首次独立主持的田野考古
工作。其中发掘出土了半枚经人工切割过的蚕茧壳，为千百年来人们流传嫘祖养
蚕的故事提供了有力的佐证。

二、文　物

图 2-2　西阴文化遗址出土的半个蚕茧（潘守永提供）

　　1926 年，由李济主持发掘的山西夏县西阴文化遗址，出土了半个蚕茧，现收藏于中国台北故宫博物院。这半个蚕茧长约 1.36 厘米，茧幅约 1.04 厘米。茧壳已经部分腐蚀，但仍有光泽，其切割面极为平直，是被锐利的刀刃割掉了一半。经多方考证及检测，这半个蚕茧距今有 5600 年至 6000 年，是中国养蚕缫丝史上最重要的实物证据，说明早在 6000 多年前，聚居此地的先民们就已掌握了养蚕缫丝的技术，并为"嫘祖教民养蚕"的神话提供了考古材料的支撑。

图2-3　浙江吴兴钱山漾遗址出土的距今4200多年的丝线（潘守永提供）

　　钱山漾遗址，位于浙江省湖州市吴兴区，属新石器时代良渚文化，是人类丝绸文明史上一个重要的古文化遗址。1934年发现，1956年和1958年进行了第一、二次发掘，2005年和2008年进行了第三、四次发掘，出土了一批绸片、丝带、丝线等尚未碳化的丝麻织物，并出土了麻布片、麻绳等纺织品，成为人类早期利用家蚕丝纺织的实例，被誉为世界丝绸之源。图2-3为1958年在浙江吴兴钱山漾遗址出土的距今4200多年的丝线。

图 2-4　秦代茧形壶，西安博物院馆藏（马运河提供）

秦代茧形壶高 38 厘米，口径 13 厘米，腹径 43.5×28.5 厘米，底径 12 厘米，于 1972 年 6 月在西安市未央区出土。器形圆口方唇，短颈，腹部呈长椭圆形，即鸭蛋形，又似茧形，故称茧形壶或鸭蛋壶，腹部有纵向弦纹。此器为秦代陕西关中的典型器物，胎质精细，烧成温度高。传说茧形壶为防敌用，把茧形陶壶埋入地下，口留于地面之上，若有敌方骑兵来袭，陶壶内发出响声，在壶口内能听到敌兵的跑步声，并能辨别方向，但考古发掘资料显示，茧形壶以日常生活使用为主，主要用来作为盛酒之器。

图 2-5　西汉鎏金铜蚕，陕西历史博物馆藏

西汉鎏金铜蚕，国家一级文物，1984 年在陕西石泉县前池河出土，现收藏于陕西历史博物馆。西汉鎏金铜蚕通长 5.6 厘米，胸围 1.9 厘米，胸高 1.8 厘米，重 0.01 千克。全身首尾共计九个腹节，胸脚、腹脚、尾脚均完整，体态为仰头或吐丝状，呈老熟蚕昂首吐丝状，头部中间浮雕两个圆眼，两眼间有一凸线，上缘为额头阴刻状纹，下沿施两个小乳状突。颈背部刻出形凸线纹，腰背部横刻两道凸纹，尾部向背部翘起，腹部素面无纹，刻工精致，胸足、腹足、尾足完整无损，体态为仰头或吐丝状，大部分的鎏金层还保存完整，侧面跟腹部因刮削稍有剥蚀，是西汉时皇帝褒奖蚕桑生产的御赐品。

西汉鎏金铜蚕是中国国内首次发现的鎏金蚕，它的发现说明了石泉地区在汉代的养蚕活动已经形成了相当规模，其为蚕桑、养蚕在汉代整个生产现状和丝绸之路的重要象征和实物见证，同时也体现了丝绸在中国古代中西方贸易中的重要地位。

图 2-6　东汉灰陶蚕，中国农业博物馆藏（潘守永提供）

　　东汉灰陶蚕，长 55 厘米宽 10 厘米高 21 厘米，为陶制殉葬器，体形硕大，造型生动逼真，除腿微残外，整体保存完整，是研究我国古代蚕桑技术的珍贵实物资料，具有一定的文物价值。此灰陶蚕征集于四川成都地区民间，体形庞大，非常少见，经相关专家鉴定，被定为国家二级文物。

三、画像石、画像砖

图 2-7 东汉画像砖《扶桑树》拓片，陕西绥德县出土（潘守永提供）

在中国古代，人们种植桑树的历史悠久，桑树本身的经济价值及其所代表的文化内涵使其成为人们的崇拜对象。扶桑树是由两棵相互扶持的大桑树组成，上面的画像砖最下面一幅图就是人、马与扶桑树。

图 2-8　东汉射日图画像石，泰安市博物馆（岱庙）藏

《山海经·海外东经》载："汤谷上有扶桑，十日所浴，在黑齿北。居水中，有大木，九日居下枝，一日居上枝。"此画像石就表现了扶桑十日所浴的景象，树下一匹马，马前是下蹲射日的后羿。

四、碑　刻

图 2-9　河南新密天仙庙天仙白松碑（杨建敏提供）

　　天仙白松碑刻于明崇祯八年（1635 年），阳面阴刻白松一株，白松周围篆书刻明河南按察使李攀龙、河南总参政吴国伦、密县知县苗之庭三人赞白松诗三首。天仙白松碑保存完整，雕刻细致精美，对于研究明代绘画、书法艺术及历史具有一定价值。

图 2-10　四川省广元市皇泽寺蚕桑十二事图碑（马运河摄）

蚕桑十二事图碑，雕刻于清道光七年（公元 1827 年），由十四块石碑组成，碑高 1.3 米，全长 5.8 米。用阴刻手法，将反映蚕桑十二事的连环画图刻于青石板上。全图以《蚕马图》为首图，后十二幅图用极具生活化的手法表现了栽桑养蚕的十二道工序。该图采用阴刻手法作画，人物姿态各异，构图精美，富有浓厚的生活气息，表现了清代培桑养蚕的经验及方法，是研究蚕桑、纺织、民俗的重要资料。

图 2-11　四川省广元市皇泽寺蚕桑十二事图碑之《蚕马图》(马运河摄)

　　《蚕马图》所绘为嫘祖依马小憩，一只蚕虫在一株桑枝上悬丝坠向嫘祖头顶的画面，此图取材于嫘祖与白马的传说。传说上古时代，嫘祖之父是一部落酋长，不幸在一次外出狩猎中与外敌发生战斗，酋长战败被俘。嫘祖得知消息后万分着急，便召集部落众人商计救父之策，并当众许下诺言，谁救回嫘父者，她当嫁他为妻。部众均无良谋。然而酋长家的大白马闻言，却长啸一声脱缰而去，傍晚时分驮回了嫘父。可在以后的几天里，白马不吃不喝，嫘父甚怪。问之众人，嫘祖遂谈及许诺救父配婚之语。嫘父闻言大怒，说："人畜焉能配婚？"遂斩杀白马，剥皮曝晒于烈日之下。可刚将马皮晒出，突然狂风陡起，马皮与嫘祖被一同卷上天空，尔后一声雷响，嫘祖化为一只蚕虫，悠然从天上悬丝而下，而埋入土中的白马骨骼渐渐长出一株大树，蚕虫悬挂树上，以叶为食，吐丝作茧。这树后人叫它伤心树或桑树，寓意着嫘祖那一段伤心的往事。

图 2-12　四川省广元市皇泽寺蚕桑十二事图碑一、二（马运河摄）

图 2-13 四川省广元市皇泽寺蚕桑十二事图碑三、四（马运河摄）

图 2-14　四川省广元市皇泽寺蚕桑十二事图碑五、六（马运河摄）

图 2-15　四川省广元市皇泽寺蚕桑十二事图碑七、八（马运河摄）

图 2-16　四川省广元市皇泽寺蚕桑十二事图碑九、十（马运河摄）

图 2-17　四川省广元市皇泽寺蚕桑十二事图碑十一、十二（马运河摄）

　　蚕桑十二事图碑中《选桑椹》《种桑》《树桑》《条桑》四图，展现了我国清代培植桑树的情景。这些办法仍在今天的植桑活动中被采用着。此外《窝种》《种蚕》《喂蚕》《起眠》《上簇》《分茧》《腌蚕》《缲丝》八图，一一展现了清代人养蚕、缲丝、纺织的全过程。

第三章　嫘祖神话绘画图像

嫘祖创世神话古代绘画是指以嫘祖创世神话为表现内容或与之相关的古代绘画作品。其中，既包括直接表现嫘祖神话的绘画图像，还包括与蚕桑丝织相关的绘画图像。

嫘祖创世神话古代绘画图像相对较少，这一方面是由绘画的性质所决定的，传统绘画图像一般是文人雅士的个人创作，往往费尽心血、耗时较长、成本较高。其主要消费对象，也往往是达官显贵、士人阶层，其消费流通范围较小，加之书画不易保存，故传之后世的并不多。另一方面，相比于三皇五帝等其他创世神来，嫘祖的相关内容并没有受到画家的青睐，故流传于世的嫘祖神话图像并不多。

目前流传后世的主要是画在绢、纸上的传统中国画。从内容上看，既有人物画，也有故事画。人物画所表现的对象，除了嫘祖之外，还涉及其他蚕神。而故事画则主要表现的是蚕桑丝织的场景，如《蚕织图》《耕织图》等。这类绘画作品，其主要功能在于劝农蚕桑，其教育、教化意义非常重要，所以得到了历代帝王的推崇和嘉许，各种版本的《耕织图》层出不穷，现美国、英国、日本、朝鲜等国就有多种临摹本珍藏，并且还有石刻、瓷器等多种载体的图像。

因为历史原因，不少创世神话绘画作品至今依然流落海外，其中不乏孤品，具有较高的历史价值与文化价值。本章所选的图像就有来自美国赛克勒美术馆藏的《蚕织图》和美国国会图书馆收藏的《御制耕织图》。

一、耕织图

《耕织图》是中国古代为劝课农桑，采用绘图的形式翔实记录耕作与蚕织的系列图谱，是完整记录中国男耕女织的画卷。原为南宋绍兴年间于潜县令楼璹所作，他将其绘制的《耕织图》呈献给宋高宗，深得高宗赞赏并获得吴皇后题词。皇上将其《耕织图》宣示后宫，一时朝野传诵。《耕织图》得到了历代帝王的推崇和嘉许，社会上接连不断地出现了许多版本和载体的《耕织图》，形成了中国绘画史、科技史、农业史、艺术史中一个独特的现象，成就了中国文化遗产的一大瑰宝。《耕织图》历经近千年流传到世界各地，有多个版本流传于世。本书所列，主要为传元程棨摹楼璹绘本、清康熙三十五年（1696年）焦秉贞绘本两个版本。

（一）《蚕织图》

元程棨摹楼璹《耕织图》，共二卷，在当时本相属附，后来才分帙单行。自元以后《耕作图》和《蚕织图》，由于久经流传而分离开来。到了清乾隆年间，高宗获此二卷，并作了御笔题序和诗，放在圆明园贵织山堂中。1860年英法侵略北京掠于圆明园，元程棨摹本《耕织图》同时遭劫。这份被劫走的《耕织图》现存美国赛克勒美术馆。《耕作图》和《蚕织图》均为纸本卷轴，以水墨设色。《耕作图》21幅，《蚕织图》24幅，各附标题及五言诗一首；诗文用篆书，另配有较小的楷书。

《蚕织图》画卷以一长廊式的长屋贯穿始终，24幅图描绘了江浙一带的蚕织户自"腊月浴蚕"到"下机入箱"为止的养蚕、织帛的整个生产过程，包括浴蚕、下蚕、喂蚕、一眠、二眠、三眠、分箔、采桑、大起、捉绩、上簇、炙箔、下簇、择茧、窖茧、缫丝、蚕蛾、祀谢、络丝、经、纬、织、攀花、剪帛。其中部分内容反映了对先蚕嫘祖的信仰和祭祀。

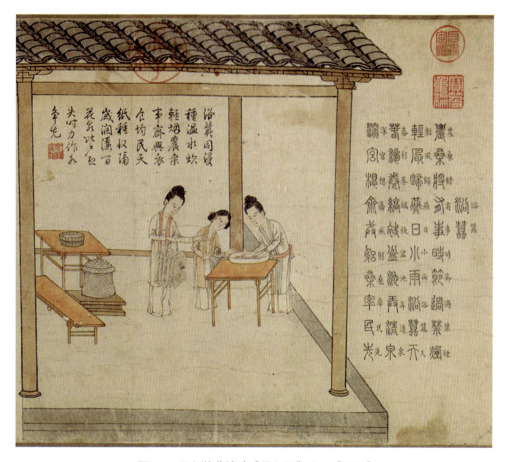

图 3-1　元程棨摹楼璹《蚕织图》之一《浴蚕》

图中有诗云：

农桑将有事，时节过禁烟。轻风归燕日，小雨浴蚕天。
春衫卷缟袂，盆池弄清泉。深宫想斋戒，躬桑率民先。

最后两句实际上描述了自隋唐开始，皇后的躬桑亲蚕之礼，即皇后亲自祭祀先蚕嫘祖、采桑喂蚕，以劝蚕桑。而在养蚕之前，需斋戒沐浴。民间蚕妇在养蚕之前通常也会沐浴更衣斋戒，保持自身的清洁卫生。

图 3-2 元程棨摹楼璹《蚕织图》之十三《下簇》

图中有诗云：

> 晴明开雪屋，门巷排银山。一年蚕事办，下簇春向阑。
> 邻里两相驾，翁媪一笑欢。后妃应献茧，喜色开天颜。

其中的后妃献茧其实是皇后亲蚕之礼的一部分，茧成之日，蚕母率蚕妇挑选佳茧贡献给皇后，皇后再献给皇帝、皇太后，以告蚕事之登。然后，皇后率妃嫔再次前往先蚕坛，举行献茧缫丝礼。

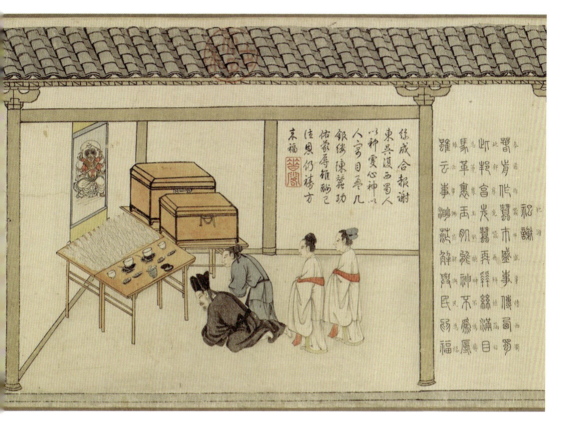

图 3-3　元程棨摹楼璹《蚕织图》之十八《祀谢》

图中有诗云：

　　春前作蚕市，盛事传西蜀。此邦享先蚕，再拜丝满目。
　　马革裹玉肌，能神不为辱。虽云事渺茫，解与民为福。

　　图中描绘了蚕农家丰收之后祭祀答谢蚕神，先蚕指蚕神嫘祖，而"马革裹玉肌"一句则暗指民间所流传的马头娘的传说。

（二）《御制耕织图》

《御制耕织图》又名《佩文斋耕织图》，以江南农村生产为题材，系统地描绘了粮食生产从浸种到入仓，蚕桑生产从浴蚕到剪帛的具体操作过程。清康熙二十八年（1689年），康熙南巡时，江南士人进呈南宋楼璹《耕织图》，康熙命内廷供奉焦秉贞据原意另绘耕图、织图各23幅。康熙亲自题序，并为每幅图御题七言诗一首，以表述其对农夫织女寒苦生活的感念。著名木刻家朱圭、梅裕凤奉旨镌版印制。相比南宋楼璹的《耕织图》，《御制耕织图》绘画内容略有变动，耕图增加"初秧""祭神"二图，织图删去"下蚕""喂蚕""一眠"三图，增加"染色""成衣"二图，图序亦有变换。宋、清《耕织图》的布景与人物活动大同小异，但焦秉贞所绘图画中的风俗易为清代，所绘更为工细纤丽，在技法上还参用了西洋焦点透视法。织图23幅，描绘了从浴蚕到成衣的整个过程。其中几幅也与先蚕嫘祖相关。

图 3-4　《御制耕织图》之十《下簇》

　　下簇，是蚕儿上簇结茧两三天后，即可将簇上的茧采下来。

　　康熙皇帝诗云：自昔蚕缫重妇功，曾闻献茧在深宫，披图喜见累累满，茅屋清光积雪同。其中，宫中献茧是皇后亲蚕之礼的重要部分。

图 3-5 《御制耕织图》之十五《祀谢》

祀谢，即祭谢蚕神保佑蚕茧丰收。

康熙皇帝诗云：劳劳拜簇祭神桑，喜得丝成愿已偿，自是西陵功德盛，万年衣被泽无疆。

西陵代指先蚕嫘祖，在清朝时早已成为宫廷重要的祭祀对象，民间除祭祀嫘祖外，许多地方还有不同的蚕神，如马头娘、马明王、蚕花五圣、蚕姑等。

二、亲蚕图

《亲蚕图》全称《孝贤纯皇后亲蚕图》，是清代乾隆年间，由郎世宁、金昆、程志道、丁观鹏等宫廷画家合作绘制的长卷纪实画作，纵51厘米，横590.4厘米，现藏于中国台北故宫博物院。《亲蚕图》分别描绘了诣坛、祭坛、采桑、献茧的仪式，如实地记录了孝贤纯皇后参与"亲蚕礼"的整个过程。

亲蚕礼是由皇后所主持，率领众嫔妃祭拜蚕神嫘祖、并采桑喂蚕，以鼓励国人勤于纺织的礼仪，和由皇帝所主持的先农礼相对。透过这样的仪式，不但有奖励农桑之意，也清楚界定男耕女织的工作区分，自周代以后，历代多沿袭奉行。清初逐步恢复了亲蚕的仪式，清乾隆七年（1742年）仿古制建造了先蚕坛，并制定了一套完整的仪式。乾隆九年（1744年），孝贤皇后首先施行了清朝第一次祭先蚕神的典礼。乾隆皇帝将其视为意义非凡的重大事件，特命宫廷画师将典礼过程付诸丹青，以期传之后世，因此诞生了巨幅手卷《孝贤纯皇后亲蚕图》。卷后并有乾隆皇帝于乾隆十六年（1751年）所作、怀念已逝皇后的跋。

《亲蚕图》由元、亨、利、贞四个手卷组成，绢本设色，采取鸟瞰式构图，中西画法合璧，画风精细工整，描绘了皇后亲蚕典礼的主要环节。清代宫廷中，凡属重大的或需着力宣传的历史事件，都要绘制画卷以记录流传。《亲蚕图》以其形象画面，与《大清会典》《总管内务府现行则例》等清朝典章制度的文字记载相互印证，共同向后世展示了清代亲蚕礼的情景。

图3-6 清院本《亲蚕图》卷1《诣坛》，郎世宁等绘，清乾隆九年绢本设色，台北故宫博物院藏

《亲蚕图》第一卷《元—诣坛》所描绘的是皇后仪驾前往先蚕坛门的情景，尤其是进入陟山门经琼岛至先蚕坛门的沿途盛况。皇后和陪祀妃嫔分乘舆辇，所用仪驾有九凤曲盖、立瓜、卧瓜、方扇、团扇、幡、旗、豹尾枪等，整个队伍浩浩荡荡，蔚为壮观。画中树叶吐翠，草色复苏，一派春意盎然之景。

图 3-7 清院本《亲蚕图》卷 2《祭坛》，郎世宁等绘，清乾隆九年绢本设色，台北故宫博物院藏

第二卷《亨—祭坛》所描绘的是皇后进入先蚕坛后举行祭祀先蚕神典礼。从画中可见，皇后仪驾在先蚕坛门外肃立恭候；黄幄下先蚕神位、牺牲祭品和皇后拜位均已安设完毕；陪祀妃嫔、公主、福晋、命妇身着彩服肃立于坛下，面西而立；执事女官和乐部率掌仪司乐队人员等也各就各位，一切井然有序，只待皇后主祭典礼。

图 3-8 清院本《亲蚕图》卷 3《采桑》，郎世宁等绘，清乾隆九年绢本设色，台北故宫博物院藏

第三卷《利—采桑》表现的主题是皇后躬桑礼，即皇后亲自采桑叶饲蚕。画卷中，身着吉服的皇后已经在蚕母二人的助采下完成采桑仪式，她端坐于观桑台宝座上正在观礼；随从的妃嫔侍立于皇后左右；侍班的身着彩服的公主、福晋、夫人、命妇等肃立在观桑台左右；从采的公主、福晋、夫人、命妇等正在桑田中采桑，三人一组，身着彩服者是公主、福晋、命妇等，左右两侧素衣者为助采的蚕妇，每组采桑处均有红漆牌，即提前按从采的公主、福晋、命妇的名分所对应采桑的位置所做的"立表以识"。

图 3-9 清院本《亲蚕图》卷 4《献茧》，郎世宁等绘，清乾隆九年绢本设色，台北故宫博物院藏

第四卷《贞—献茧》所描绘的是蚕母率蚕妇挑选佳茧贡献给皇后。图中蚕母蚕妇三人各跪捧一盆已浸煮好的蚕茧，皇后端坐于织室内宝座上，正在亲自动手缫丝。①

----

① 关于亲蚕礼及《亲蚕图》详解，参见李芝安：《〈亲蚕图〉画柜与乾隆帝先蚕礼述论》，故宫学刊，2013 年第 2 期。

三、版　画

图 3-10　北宋版画《蚕母》①

　　该版画纵约 21 厘米、横约 19 厘米，用浓墨、淡墨、朱红及石绿四色套印，画面以蚕母、蚕茧和吉祥等图案为主，上写"蚕母"二字。《蚕母》是在 1994 年整理温州市国安寺石塔内藏的印本、书画时发现的，虽然局部残缺，破损严重，但整体效果未受影响。经过研究，也被确定为北宋雕版套色印刷品，这一套色版画不但是我国目前现存最早的一件，而且也是目前发现最早的"蚕母"形象作品；较为完整地反映了北宋时期蚕神的形象和蚕茧丰收的情景。现藏于温州市博物馆，属国家一级文物。

---

① 中国版画全集编辑委员会编：《中国版画全集第二卷民俗版画》，紫禁城出版社 2008 年版，第 3 页。

第四章　嫘祖神话古籍插图

嫘祖创世神话古籍插图是指以古代典籍插图形式存在的嫘祖神话图像。这类图像以版画插图为主，中国传统的版画是将画稿反刻在以梨木、枣木等做成的书版上，也有少数铜版，然后经过涂墨、刷印而成。

中国版画历史悠久，现存最早的有款刻年月的版画，是作于唐咸通九年（公元868年）的《金刚般若波罗蜜经》卷首图，现藏于伦敦大英博物馆。

宋元时期，随着雕版印刷技术的成熟和发展，版画日趋繁荣。不仅佛教版画有了进一步的发展，而且越来越多的书籍如科技知识与文艺门类的图册都已经大量使用版画插图。

明清时期，雕版印刷术进一步普及，版画发展出现高峰。不仅出现了各种流派，还创作出大量优秀作品，而宫廷版画更是异军突起。画谱、小说、戏曲、传记、诗词等带有版画插图的书籍流行广泛，影响深远。不仅是文化普及的重要工具，同时还可以反映古代手工业、机械制造业等的情况，深受广大民众欢迎。

清代宫廷版画多见于武英殿刻本中的书籍插图，称为"殿版画"。殿版画的兴盛缘于清代皇帝雅好文翰书画，懂得利用版画等艺术形式图释古代圣明君王的治国为君之道，以垂训子孙，同时为歌颂升平之世服务。

我们现在能见到的嫘祖创世神话古籍插图大部分为明清时期的作品，主要内容是围绕嫘祖黄帝元妃、教民始蚕、先蚕蚕神等情节的故事版画插图。

一、农　书

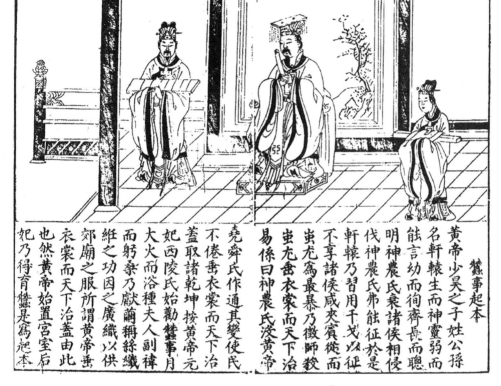

图 4-1　农书之《蚕事起本图》[1]

黄帝，少昊之子，姓公孙，名轩辕。生而神灵，弱而能言，幼而徇齐，长而聪明。神农氏衰，诸侯相侵伐，神农氏弗能征。于是轩辕乃习用干戈，以征不享，诸侯咸来宾从。而蚩尤为最暴，乃征师杀蚩尤。垂衣裳而天下治。《易系辞》曰："神农氏没，黄帝、尧、舜氏作，通其变，使民不倦。垂衣裳而天下治，盖取诸乾坤。"

按，黄帝元妃西陵氏始劝蚕事。月大火而浴种，夫人副祎而躬桑，乃献茧称丝，织纴之功因之广，织以供郊庙之服。所谓黄帝垂衣裳而天下治，盖由此也。然黄帝始置宫室，后妃乃得育蚕，是为起本。

---

[1]　（元）王祯著，孙显斌、攸舆超点校：《王祯农书》，湖南科学技术出版社 2014 年版，第 41—42 页。

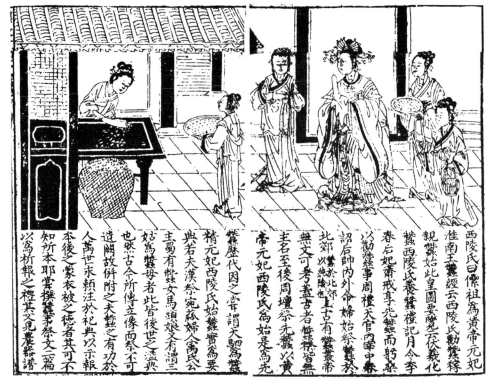

图 4-2 农书之《蚕事起本图》二 ①

西陵氏曰嫘祖,为黄帝元妃。《淮南王蚕经》云:"西陵氏劝蚕稼,亲蚕始此。"《皇图要览》云:"伏羲化蚕,西陵氏养蚕。"《礼记月令》:季春,后妃斋戒,享先蚕而躬桑,以劝蚕事。《周礼·天官·内宰》:中春,诏后帅内外命妇,始祭蚕于北郊(蚕于北郊,以纯阴也)。上古有蚕丛帝,无文可考。盖古者蚕祭皆无主名,至后周坛祭先蚕,以黄帝元妃西陵氏为始,是为先蚕,历代因之。

尝谓天驷为蚕精,元妃西陵氏始蚕,实为要典。若夫汉祭菀窳妇人、寓氏公主,蜀有蚕女马头娘,又有谓三姑为蚕母者,此皆后世之溢典也。然古今所传,立像而祭,不可遗阙,故并附之。夫蚕之有功于人,万世永赖,注于祀典,以示报本,后之蒙衣被之德者,其可不知所本耶?

尝撰蚕事祭文二篇,以为祈报之礼,其文见《农器谱》。

① (元)王祯著,孙显斌、攸兴超点校:《王祯农书》,湖南科学技术出版社 2014 年版,第 43—44 页。

图 4-3　农书之《茧馆图》①

<hr />

① （元）王祯著，孙显斌、攸興超点校：《王祯农书》，湖南科学技术出版社 2014 年版，第 603—604 页。

茧　馆

皇后亲蚕之所，古公桑、蚕室也。按《礼·月令》："季春之月，具曲、植。篷、筐。后妃斋戒，亲东乡。躬桑。禁妇女毋观，省妇使，以劝蚕事。蚕事既登，分茧、称、丝效、功，以共音恭。郊庙之服，无有敢惰。"

周制，天子诸侯必有公桑、蚕室，近川而局之。筑官，仞有三尺，棘墙而外闭之。后妃斋戒，享先蚕而躬桑，以劝蚕事。《皇后亲蚕仪》曰："皇后躬桑，始将一条，执筐受桑。将三条，女尚书跪曰：'可止。'执筐者以桑授蚕母，以桑适金室。"《前汉·文帝纪》诏："皇后亲桑，以奉祀服。"景帝诏："后亲桑，为天下先。"元帝王皇后为太后，幸茧馆，率皇后及列［侯］夫人桑。明帝时，皇后、诸侯夫人蚕。魏文帝黄初中，皇后蚕于北郊，遵周典也。晋武帝太康中，立蚕官，皇后躬桑，依汉魏故事。宋孝武立蚕观，后亲桑，循晋礼也。北齐置蚕宫，皇后躬桑于所。后周制，皇后至蚕所桑。隋制，皇后亲桑于位。唐太宗贞观元年，皇后亲蚕。显庆元年，皇后武氏；先天二年，皇后王氏；干元二年，皇后张氏，并见亲蚕礼。玄宗开元中，命宫中食蚕，亲自临视。宋《开宝通礼》《郊祀录》并有后亲蚕祝辞。此历代后妃亲蚕之事，采之史编，昭然可见。兹特冠于篇首，庶有国家者按图考谱，知茧馆之不徒名也。

昔梅圣俞有《蚕具·茧馆》诗，今不揆，续为之赋云：惟蚕有功，于世归美。广物产之货赀，作人生之衣去声。被。中春之月，天子诏后以躬桑；大昕之朝，内宰告期而命祀。于是诣灵坛，降宝殿，翠障夹乎道周，凤辇翔于畿甸。顺春气于东方，朝先蚕于北面。具夫青缥之服，皇后蚕服青上缥下，深衣。侑以芳馨之荐。九宫倾动，蔼然［陪］（际）［祭］以成（陪）班；三献礼成，沛矣迎祥于回眷。当其迭承宠命，适对韶光，择世妇于吉卜，受鞠衣于明堂。所以崇开禁馆，始人公桑。援条有三，听女尚书之劝止；执筐不再，受宫大人之是将。体之以坤仪之柔顺，视之以母道之慈良。破蚁以来，庶脊至于千簿；献茧之后，谅化被于多方。是以命缫治以成丝，就趋工而俟织。玄黄朱绿，染各精明；黼黻文章，系同品色。

图 4-4　农书之《先蚕坛图》①

① （元）王祯著，孙显斌、攸興超点校：《王祯农书》，湖南科学技术出版社 2014 年版，第 605 页。

先蚕坛

先蚕犹先酒、先饭，祀其始造者。坛，筑土为祭所也。黄帝元妃西陵氏始蚕，即先蚕也（按，黄帝元妃西陵氏曰儽祖，始劝蚕稼。月大火而浴种，夫人副（褍）[祎] 而躬桑，乃献茧称丝，织纴之功因之广，织以供郊庙之服。《皇图要览》云，伏羲化蚕，西陵氏養蚕。《淮南王蚕经》云，西陵氏劝蚕稼，亲蚕始此）。《礼·月令》："季春，是月也，后妃斋戒，享先蚕而躬桑，以劝蚕事。"《周礼·天官内宰》："中春，诏后帅外内命妇，始祭于北郊。"《汉·礼仪志》：皇后祠先蚕，礼以中牢。魏黄初中，置坛于北郊，依周典也。晋制，先蚕坛高一丈，方二丈，四出陛，陛广五尺。皇后至西郊亲祭躬桑。北齐先蚕坛 [高] 五尺，方二丈，四（高）陛，陛各五尺，外兆四十步，面开一门。皇后升坛，祭毕而桑。后周，皇后至先蚕坛亲飨。隋制，宫北三里，坛高四尺。皇后以太牢制币而祭。唐置坛在长安宫北苑中，高四尺，周回三十步。皇后并有事于先蚕，其仪备《开元礼》。宋用北齐之制，筑坛如中祠礼。《通礼义纂》：后亲享先蚕，贵妃亚献，昭仪终献。夫蚕祭有坛，稽之历代，虽仪制少异，然皆递相沿袭，饩羊不绝，知礼之不可独废。有天下国家者，尚鉴兹哉。

赞曰：有星天驷，象合乎龙。惟蚕辰生，精气相通。孕卵而出，寓食桑中。取育于室，茧丝内充。衣被于人，奕世有功。粤载祀典，同苔恩隆。坛壝制度，历代所崇。惟君立后，毓德中宫。既正母仪，普帅妇工。尝建茧馆，桑必以躬。奉制祭服，郊庙是共。公侯夫人，莫不勉从。为天下劝，继古人风。约汉故事，筑祭于东。享以中牢，相以礼容。登降有节，拜献惟恭。眷此区域，万方混同。举被缯纩，神福稔蒙。国有定式，报德无穷。

图 4-5　农书之《蚕神图》①

———————————

①　（元）王祯著，孙显斌、攸舆超点校：《王祯农书》，湖南科学技术出版社 2014 年版，第 609—610 页。

蚕 神

天驷也。天文辰为龙，蚕辰生，又与马同气，谓天驷即蚕神也。《淮南王蚕经》云，黄帝元妃西陵氏始蚕。至汉，祀宛窳妇人、寓氏公主。蜀有蚕女马头娘。此历代所祭不同。然天驷为蚕精，元妃西陵氏为先蚕，实为要典。若夫汉祭宛窳［妇人］、寓氏公主（妇人），蜀有蚕女马头娘，又有谓三（娘）［姑］为蚕母者，此皆后世之溢典也。然古今所传，立像而祭，不可遗阙，故并附之。稽之古制，后妃祭先蚕，坛壝牲币如中祠，此后妃亲蚕祭神礼也。《蚕书》云，卧种之日，诘旦升香，割鸡设醴，以祷先蚕。此庶人之祭也。自天子后妃至于庶人之妇，事神之礼虽有不同，而敬奉之心一是，谅为知所本矣。

乃作祈报之辞曰：

祈：惟蚕之精，天驷有星；惟蚕之神，伊昔著名。气钟于此，孕卵而生。既桑而育，既眠而兴。神之福汝，有箔皆盈。尚冀终惠，用彰厥灵。簇老献瑞，茧盆效成。敬获吉卜，愿契心盟。神宜飨之，祈祀唯馨。

报：龙精一气，功被多方。继当是岁，神降于桑。载生载育，来福来祥。锡我茧丝，裂此衣裳。室家之庆，闻里之光。敬帅长纫，（结）［诘］旦升香。设肴于俎，奠醴于觞。工祝致告，神德弥彰。

二、三才图会

《三才图会》又名《三才图说》，是由明代王圻、王思义父子编辑的一部类书，刊印于明万历三十五年（1607 年），该版为潭滨黄晓峰重校，槐阴草堂所藏。全书共 106 卷，书分 14 类，依次为天文、地理、人物、时令、宫室、器用、身体、文史、人事、仪器、珍宝、衣服、鸟兽、草木。此书汇集天地诸物图像，然后加以说明，图文互证，具有通俗性和实用性的特点。

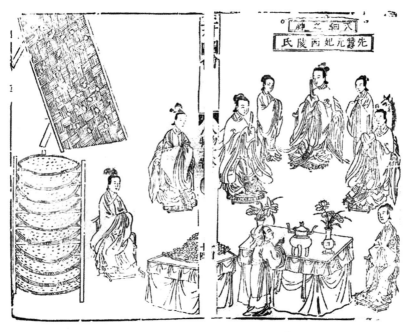

图 4-6 三才图会之《蚕神图》①

此图与（元）王祯《农书》中的蚕神图极为相似，描绘了不同的蚕神，天驷之神下是先蚕元妃西陵氏，位居主位，左右站立两位侍女，右侧分别是宛窳妇人、寓氏公主、三姑，左侧则是马头娘与蚕姑。

---

① （明）王圻、黄晟撰：《三才图会》全 31 册之 1—10，万历 35 年刊，潭滨黄晓峰重校，槐阴草堂藏，第 3409 页。

图 4-7　三才图会之《蚕室图》①

　　古代王室饲蚕的宫馆。《礼记·祭义》："古者天子诸侯必有公桑蚕室。"孔颖达疏："公桑蚕室者，谓官家之桑，於处而筑养蚕之室。"

---

　　① （明）王圻、黄晟撰：《三才图会》全 31 册之 11—21，万历 35 年刊，潭滨黄晓峰重校，槐阴草堂藏，第 605 页。

图 4-8　三才图会之《茧馆图》①

　　茧馆，皇后亲蚕之所，古公桑、蚕室也。周制，天子诸侯必有公桑、蚕室，近川而局之。筑官，仞有三尺，棘墙而外闭之。后妃斋戒，享先蚕而躬桑，以劝蚕事。

图 4-9　三才图会之《先蚕坛图》[①]

　　先蚕坛，即皇后祭祀先蚕的地方。《汉·礼仪志》：皇后祠先蚕，礼以中牢。魏黄初中，置坛于北郊，依周典也。晋制，先蚕坛高一丈，方二丈，四出陛，陛广五尺。皇后至西郊亲祭躬桑。北齐先蚕坛［高］五尺，方二丈，四（高）陛，陛各五尺，外兆四十步，面开一门。皇后升坛，祭毕而桑。后周，皇后至先蚕坛亲缲。隋制，宫北三里，坛高四尺。皇后以太牢制币而祭。唐置坛在长安宫北苑中，高四尺，周回三十步。皇后并有事于先蚕，其仪备《开元礼》。宋用北齐之制，筑坛如中祠礼。《通礼义纂》：后亲享先蚕，贵妃亚献，昭仪终献。夫蚕祭有坛，稽之历代，虽仪制少异，然皆递相沿袭，饩羊不绝，知礼之不可独废。有天下国家者，尚鉴兹哉。

---

　　① （明）王圻、黄晟撰：《三才图会》全31册之11—21，万历35年刊，潭滨黄晓峰重校，槐阴草堂藏，第607页。

三、列国前编十二朝传

《列国前编十二朝传》为明朝余象斗编著，共四卷五十章，此书为余邵鱼《列国志传》之"前编"，自开天辟地、三皇五帝、尧、舜、禹夏至商，共"十二朝"史事，与《列国志传》相衔接。

图 4-10　明《列国前编十二朝传》插图，题为《元妃同宫女漏夜织丝布》①

此图描绘了黄帝元妃嫘祖与宫女一起在深夜抽丝织布。嫘祖发明养蚕缫丝、织布制衣，在成为黄帝元妃之后依然亲力亲为，教民蚕桑。

---

① 《古本小说集成·列国前编十二朝》，上海古籍出版社 2017 年版，第 181 页。

图 4-11　明《列国前编十二朝传》插图,题为《元妃群臣见天上黄龙下》①

　　此图描绘了黄帝元妃嫘祖与群臣看见天上的黄龙飞落下地。传说黄帝命人取首山之铜,铸宝鼎于荆山之下。鼎成之日,正当设宴欢庆之际,忽见空中霞光万道,一条黄龙垂须髯而下。

---

　　① 《古本小说集成·列国前编十二朝》,上海古籍出版社 2017 年版,第 182 页。

图 4-12　明《列国前编十二朝传》插图，题为《帝同元妃骑龙上天》①

　　此图描绘了黄帝与元妃一起骑在黄龙背上飞升上天。传说黄帝元妃嫘祖看到黄龙大惊，黄帝对她说不必惊慌，这是天帝派来迎接我的，于是离席骑在龙背上，元妃急忙扯住黄帝袍服，也骑上龙背。

---

　　① 《古本小说集成·列国前编十二朝》，上海古籍出版社 2017 年版，第 183 页。

图 4-13　明《盘古至唐虞传》插图，题为《元妃生挚见虹下临》①

　　此图描绘了元妃嫘祖在生挚（少昊，名玄嚣，又名己挚，黄帝与嫘祖的长子）的时候，看见彩虹垂下。

　　① 《古本小说集成·盘古至唐虞传·有商志传》，上海古籍出版社 2016 年版，第 104 页。

第五章　嫘祖宫庙塑像图片、陪侍神灵

对于神话来说，宫庙、塑像等景观也是重要的叙事媒介。宫庙塑像，是神话由虚拟的口头叙事向具体的物象景观叙事转变的结果。塑像为神话中的神灵提供了依附的载体，为信众的信仰提供了具体的形象，宫庙则为信众的信仰实践提供了活动空间，将神话进一步向仪式行为叙事扩展。

宫庙塑像与神话具有紧密的联系性，宫庙塑像与神话文本具有互文性，两者内容相通，互相佐证。当神话在传承过程中发生变迁，或在不同地方传播形成具有地方特色的文本时，与之相应的庙宇塑像也会发生相应的变化。不同庙宇的塑像，共同构成了庙宇塑像的图像谱系。

本章的嫘祖创世神话宫庙图片指的是供奉嫘祖的宫观、祠庙中所塑的嫘祖及其陪侍的塑像，以及举行相关祭祀仪式等的图片。历史上，各地供奉嫘祖的庙宇有很多，根据历代的史籍文献，可以梳理出历史上各地祭祀嫘祖的庙宇建筑，参见表5-1：

表 5-1　各地纪念嫘祖建筑物及祭祀活动表 ①

序　号	地　域	建筑物名称	祭祀状况及主神	出自何处
1	北京	先蚕坊（永定门外）	西陵氏嫘祖	《清史稿》
2	北京	先蚕坊（北海公园）	西陵氏嫘祖	《清史稿》
3	北京	蚕坛（中南海内）	西陵氏嫘祖	《清史稿》
4	上海	黄道婆祠	西陵嫘祖和黄道婆	《上海风物志》

① 鲁谆主编：《中华民族之母嫘祖》，中国三峡出版社 1995 年版，第 42—43 页。

续表

序　号	地　域	建筑物名称	祭祀状况及主神	出自何处
5	天津	天宝宫楼桑庙	嫘祖蚕神	《析津志辑轶》
6	江苏南京	云锦娘娘庙	七仙女和蚕神	《行业保护神》
7	江苏南京	蚕坊（古建康城）	西陵嫘祖	《北齐书》
8	河南洛阳	蚕坛（魏京西郊）	蚕神嫘祖	《晋书》
9	河南开封	先蚕坛北宋宫西南	先蚕	《宋书》
10	河南洛阳	先蚕坛（隋京都）	先蚕西陵氏	《隋书》
11	陕西西安	先蚕坛（唐京都）	先蚕西陵氏	《旧唐书》
12	浙江杭州	先蚕坛（南宋京都）	先蚕西陵氏	《宋史》
13	浙江杭州	通圣庙、机神庙	轩辕、嫘祖	《通圣庙记》
14	浙江杭嘉湖地区	蚕神庙	蚕神每年两次祭祀	蚕乡信仰习俗考
15	浙江桐乡芝村	蚕神庙	蚕神每年两次祭祀	中华全国风物志 湖州养蚕迷信
16	浙江杭嘉湖地区	轩辕黄帝庙	黄帝、嫘祖	《清史稿》
17	江苏苏州	机神庙	黄帝、嫘祖	《清史稿》
18	江苏苏州	轩辕宫	黄帝、嫘祖	《清史稿》
19	江苏苏州	丝业公所	黄帝、元妃	《苏州丝业整顿 旧规碑》
20	江苏苏州市吴中区	霞章公所	黄帝、嫘祖	重建霞章公所记
21	四川成都	三皇会	三皇和嫘祖	《成都通览》
22	四川内江	嫘祖会	嫘祖	《成都通览》
23	四川什邡	蚕神庙	先蚕嫘祖	《太平广记》
24	四川绵竹	蚕神庙	先蚕嫘祖	《太平广记》
25	四川大竹	玄女宫机神庙	先嫘祖	《大竹志记》
26	四川盐亭	嫘轩宫	嫘祖和黄帝	《嫘祖研究》
27	四川盐亭	天禄宫	嫘祖和黄帝	《嫘祖研究》
28	四川盐亭	嫘祖坟	嫘祖	《嫘祖研究》
29	广东佛山	绫帽行庙	嫘祖	鼎建绫帽行庙碑

续表

序　号	地　域	建筑物名称	祭祀状况及主神	出自何处
30	湖南长沙	西陵宫庙嫘祖殿	嫘祖	《中国实业志》
31	湖南湘潭	雷祖殿	嫘祖	《琐谈》
32	湖南衡山	雷祖峰	传说嫘祖墓地在岣嵝峰又称雷祖峰	《湘衡稽古》
33	湖南衡山	雷祖殿	嫘祖	《湘衡稽古》
34	湖北宜昌	轩辕洞	轩辕与嫘祖	《宜昌县志》
35	湖北宜昌	西陵山庙	轩辕与嫘祖	《夷陵州志》
36	湖北宜昌	嫘祖洞	嫘祖	《市情简介》
37	湖北宜昌	先农坛	轩辕嫘祖	《宜昌县志》
38	湖北宜昌	古黄陵庙	轩辕嫘祖、夏禹、诸葛亮等	《宜昌方志》
39	湖北宜昌	西坝黄陵庙	轩辕嫘祖、夏禹	《宜昌方志》
40	湖北远安	嫘祖镇蚕神庙后改为财神庙	蚕神和财神	《先丰九城志》
41	湖北远安	嫘祖镇嫘祖文化园	嫘祖	中华炎黄文化研究会网站

　　然而时过境迁，经历了近现代的战火，许多记载于文献中的嫘祖宫庙已经消失不见。伴随着城市化和现代化的进程，传统的信仰空间被不断压缩，即使在乡村，由于经济、文化等因素的影响，嫘祖宫庙的发展也存在诸多问题。

　　本书对嫘祖创世神话相关庙宇塑像的介绍，主要是依据空间分布展开。嫘祖神话及其信仰分布在长江流域的四川、湖北、湖南、浙江、江苏和黄河流域的山西、河南、山东等地，基本呈现两条平行的带状分布。不同地区的嫘祖神话和信仰程度不同，宫庙塑像的数量、规模也不一样。由于时间和人力有限，加之新冠肺炎疫情影响，无法广泛深入的开展田野调查，所列只是部分代表性宫庙塑像。

一、湖 北

图 5-1　湖北宜昌西陵山嫘祖庙（冀荟竹提供）

　　嫘祖庙又名西陵山庙、嫘祖纪念馆，建于西陵山上，占地 1 000 平方米，海拔高度 108 米。古西陵山是祭祀轩辕黄帝正妃西陵之女嫘祖的圣地。嫘祖又称雷祖，民间蚕农称之"蚕母娘娘"。原庙毁于 1940 年 6 月日本侵略军的炮火，20世纪 80 年代末，宜昌人提出建立嫘祖纪念馆的动议。1993 年 2 月正式破土动工。1994 年 7 月，嫘祖庙建成。嫘祖庙高 26.53 米，建筑面积 1 217.27 平方米，共四层，多层重檐，棱角刺天，24 组风铃，悬挂翘角，随风飘动，声响天外。

图 5-2 宜昌西陵山嫘祖庙嫘祖像（冀荟竹提供）

西陵山嫘祖庙殿堂正中，供奉着嫘祖塑像，塑像高 6.3 米，是根据明代以前绘制的嫘祖图像，经重庆美院再创作而成的。嫘祖手拿蚕茧正在抽丝，两个侍女，一个手捧金梭，另一个手捧绢绸。

二、河　南

图 5-3　河南西平嫘祖庙（吴晓东提供）

河南西平嫘祖庙位于河南省驻马店市西平县吕店乡董桥村，庙前《嫘祖庙简介》曰：

嫘祖圣母庙宇之立始于图腾华夏早期，嫘祖教人蚕丝做衣、暖身御寒、避羞遮体。《史记》嫘祖黄帝正妃，五弟之四皆为后裔。嫘庙历久，香火延绵，由于战乱，记载失传，直至近代嫘钟重现，元代冶制，历八百年。国之大幸，华夏福缘，二零零九九九重阳，杨建业君自筹钱款重建嫘庙，功莫大焉。偕同建庙贡献大者，于氏金凤、岳氏春红、张氏留妮、陈氏建伟、于志军、闫氏卫东、杨立诸君。随喜功德万元以上赵氏圣尊　赵氏梓茵周氏敬伟　癸巳年三月六日杨长安书

图 5-4　河南西平嫘祖庙嫘祖塑像（吴晓东提供）

在河南西平嫘祖庙大殿中央端坐着嫘祖的金身塑像，凤冠霞帔，神态安详。两手握一卷蚕丝，身上披着信众上贡的黄袍。

图 5-5 河南西平嫘祖文化园嫘祖塑像（吴晓东提供）

　　该嫘祖塑像位于河南西平嫘祖文化园，嫘祖两手握一卷蚕丝，头挽发髻，神态安详。从其衣服和发型可以看出，具有典型的道家文化风格。

图 5-6　河南新郑圣母宫（冀荟竹提供）

　　圣母宫，又称圣母庙，位于河南省新郑市龙湖镇泰山村，主祀嫘祖，庙前有楹联"圣母丹心助神州华夏始宗，柔情豪气保社稷百业兴旺。"

图 5-7　河南新郑圣母宫嫘祖塑像（冀荟竹提供）

　　该塑像位于河南省新郑市圣母宫内，嫘祖端坐于绣有佛光普照的佛帐之中，头顶黄色宝盖，两侧有陪侍的侍女，庙内墙壁上画着《嫘祖的传说》《蚕神的传说》，讲述了嫘祖与黄帝相识、教民养蚕织丝等传说故事。

图 5-8　河南新郑始祖山嫘祖宫（吴晓东提供）

　　始祖山古称具茨山，位于新郑、新密、禹州三地的交界处，这里有嫘祖宫、嫘祖洞、迎日峰、鸳鸯台等一系列黄帝嫘祖文化遗迹，流传着众多与黄帝嫘祖密切相关的神话传说。嫘祖宫，建于 2000 年 9 月，原貌因"文革"时期遭破坏，2000 年 9 月按原貌重新修复落成。嫘祖宫供奉的是中华民族之母、轩辕黄帝之妃——嫘祖娘娘（西凌氏女，今驻马店西平县）她养蚕织帛，使人类从原始走向衣饰文明。

图 5-9　河南新郑始祖山嫘祖宫嫘祖塑像（吴晓东提供）

　　嫘祖宫内供奉着中华民族之母、轩辕黄帝之妃——嫘祖，塑像上是由原全国人大常委会副委员长雷洁琼题写的匾额"中华民族之母嫘祖"，两侧是楹联"嫘祖洞前乐谒坤仪尊母德，先农坛下荣称丝国禀蚕神"。

图 5-10　新郑黄帝故里祠东配殿嫘祖塑像（姚望拍摄）（高志明提供）

　　该塑像位于新郑市黄帝故里景区轩辕庙东配殿，轩辕庙是整个新郑市黄帝故里景区中最古老的建筑也是最核心的部分。汉代建祠，明清修葺，有正殿、东西配殿和祠前庭，2000 年公布为河南省重点文物保护单位。轩辕庙正殿五间，中央供奉轩辕黄帝中年金身塑像。东西配殿各三间，东配殿塑黄帝元妃嫘祖——"先蚕娘"像；西配殿塑黄帝次妃嫫姆——"先织娘"像。相传嫘祖发明了养蚕抽丝，嫫母发明了织布机，她们一起把这两项技术教给了人民，后人为了纪念两位娘娘的功德，便把她俩分别尊称为先蚕娘娘和先织娘娘。在河南新郑的黄帝故里景区故里祠内的东西配殿，就供奉着两位娘娘的塑像，嫘祖一手持蚕蛹，一手抽丝，嫫母则一手持梭子，一手持线。

图 5-11　河南新密天仙庙始祖殿（杨建敏提供）

　　天仙庙又名天仙院，相传为黄帝的三个女儿修道成仙处，它位于河南省新密市新华路杨寨村，初建于明世宗嘉靖元年（1522 年）至明穆宗隆庆二年（1568年），清代曾五次重修。现有建筑分布在前、中、后三院。始祖殿内祀黄帝，配祀的有风后、力牧、常先和大鸿等黄帝的大将功臣。

图 5-12 河南新密天仙庙黄帝像（杨建敏提供）

　　天仙庙中的黄帝塑像，头戴冕旒，神态威严，帝王的典型形象。背后装饰有瑞云背光，旁边有陪侍的童子。

图 5-13　河南新密天仙庙嫘祖像（杨建敏提供）

　　天仙庙中的嫘祖塑像，凤冠霞帔，神态安详，雍容华贵的皇后模样。背后饰有火焰背光。

图 5-14　河南新密天仙庙天仙殿（杨建敏提供）

　　天仙殿供奉三仙，即天仙、地仙、人仙。三仙是黄帝的三个女儿，为嫘祖所生。三女儿人仙出家在天仙庙修道，后大姐天仙，二姐地仙随之而来，姐妹三人在此潜心修行，远离世俗。三人修行终成正果，在同一日升天成仙，身躯合葬在天仙庙内。第二年坟冢上长出一棵高三丈、三个枝干的白腹松树来，成为三仙的化身，天仙庙也因此而得名。白松成为密县八景之一。明代徐霞客曾到此一游。后白松被大风折断，当地人在原地盖白松楼一座，将明代雕刻的白松图碑立于白松楼下，供后人瞻仰，解放后白松楼被拆。①

---

　　① 该文出自天仙殿前的介绍，此处介绍写的是"天仙、地仙、人仙"，里面供奉的塑像却是"天仙、地仙、水仙"。

图 5-15 河南新密天仙庙黄帝嫘祖大女儿天仙奶奶（杨建敏提供）

　　天仙奶奶，黄帝嫘祖大女儿。该塑像头戴凤冠，手持笏板，雍容华贵的模样。

图 5-16　河南新密天仙庙黄帝嫘祖二女儿地仙奶奶（杨建敏提供）

　　地仙奶奶，黄帝嫘祖二女儿，相传她曾随风后、力牧等叔辈练艺习武。该塑像头饰简洁，双手抱元守一结印于身前。

图 5-17　河南新密天仙庙黄帝嫘祖三女儿水仙奶奶（杨建敏提供）

　　水仙奶奶，黄帝嫘祖三女儿，相传其曾跟随母亲嫘祖植桑养蚕，所以该塑像是手捧一匹绸绢的形象。

图 5-18　河南新密天仙庙三女冢（杨建敏提供）

　　三女冢相传为黄帝与嫘祖三个女儿合葬之处，据《密县志》记载："天仙庙，明世宗（1507—1567 年）时创建。清朝五次重修，世传黄帝三女，学道十七年，一夕同逝，合葬于此，冢上生白松，一株三干，高八九丈，康熙间，松为烈风所吹，根株尽拔，乾隆间，知县秦襄为亭贮之。"

图 5-19　河南省荥阳市太素宫（嫘祖圣母祠）（吴晓东提供）

太素宫（嫘祖圣母祠），位于河南省荥阳市环翠峪景区环翠峪村（原庙子）街上，坐北朝南，建筑面积 2 160 平方米，长 35.2 米，宽 30.6 米，高 19.8 米。蓝瓦飞檐，雕梁画栋，历时十年修建而成。2014 年 10 月建成封顶，经过半年多的内外粉刷、装修、塑像、彩绘，于 2015 年 4 月 30 日（农历三月十二）庙会时举行开光典礼，对外开放。祠内塑像三尊女神，坐北向南，分别为太素元君（嫘祖）、碧霞元君、麻姑大仙，均是粉面金冠，玉凤霞帔，身高 8 米，稳坐莲花高台，俯视众生，高大威严。

图 5-20　河南荥阳太素宫太素元君（嫘祖）塑像（吴晓东提供）

在河南荥阳环翠峪桑梓峪，有许多关于先蚕嫘祖的传说。相传玉女（嫘祖）养蚕缫丝，和金童（轩辕黄帝）相知相爱，后修成神仙，人称"玉仙圣母"，神号"太素元君"，居"太素宫"。

图 5-21 河南荥阳太素宫碧霞元君塑像(吴晓东提供)

碧霞元君全称为"东岳泰山天仙玉女碧霞元君",是道教中的重要女神,中国历史上影响最大的女神之一。因坐镇泰山,尊称泰山圣母碧霞元君,俗称泰山娘娘、泰山奶奶。

图 5-22　河南荥阳太素宫麻姑大仙塑像（吴晓东提供）

　　麻姑又称寿仙娘娘，中国民间信仰的女神，道场位于麻姑山（现属江西省抚州市南城县）。据《神仙传》记载，其曾见东海三次变为桑田，故古时以麻姑喻高寿。民间流传有三月三日西王母寿辰，麻姑于绛珠河边以灵芝酿酒祝寿的故事。过去中国民间为女性祝寿多赠麻姑像，取名"麻姑献寿"。

图 5-23　河南新密黄帝宫嫘祖殿（张毅摄）

　　黄帝宫，又名云岩宫，位于河南省新密东南刘寨乡境内。曾是轩辕黄帝建宫筑殿、练兵讲武、研创八阵图的地方。相传黄帝初战蚩尤失利后，退居此地，潜心养志。用风后、力牧为相，研兵习武，整饬兵马，至今还有养马庄、仓五村、拜将台、宫殿、轩辕门、讲武门等古建筑遗迹。其中嫘祖殿主要供奉的是黄帝元妃——嫘祖。

图 5-24　河南新密黄帝宫嫘祖殿嫘祖塑像（杨建敏提供）

嫘祖殿内主要供奉的是黄帝元妃嫘祖，嫘祖手持丝线，背后的墙壁上是丹凤朝阳的图案，象征了嫘祖的元妃身份。

图 5-25　河南灵宝市黄帝铸鼎塬始祖殿嫘祖塑像（张毅摄）

　　此像塑于河南省灵宝市黄帝铸鼎塬始祖殿内，黄帝铸鼎塬位于河南灵宝市区西 20 公里阳平镇，据《史记·封禅书》记载，古时此地灾情严重，轩辕黄帝来此察看，为百姓治病，"采首山铜，铸鼎于荆山下，鼎既成，有龙髯垂胡。下迎黄帝。黄帝上骑，群臣后宫从上者七十余人，龙乃上去。余小臣不得上，乃悉持龙髯，龙髯拔坠，坠黄帝之弓。百姓仰望黄帝既上天，乃抱其弓与胡髯号，故后世因名其处曰'鼎湖'，'其弓曰乌号'"。人们把黄帝的靴子埋在铸鼎塬上作为黄帝衣冠冢，并建庙祭祀。黄帝铸鼎塬位于长安古道，函谷关和潼关两雄关之间，屡遭战火毁灭，但历代都曾进行过修复和重建，现已修复的主要遗迹有：献殿、始祖殿、长廊、墓冢、祀功柱、阙楼等，并铸造了象征天神、地神、祖宗的天、地、人三大铜鼎。

三、山 西

图 5-26 山西省阳城县孤堆底村蚕神嫘祖（叶玮琪摄）（萧放提供）

该塑像位于山西省阳城县孤堆底村蚕姑庙，当地流传着《嫘祖养蚕花石沟》的故事，传颂着嫘祖娘娘教民养蚕的历史。

图 5-27　山西阳城县山头村水草庙蚕姑殿嫘祖像（郭俊红提供）

　　该塑像位于山西阳城县山头村水草庙主殿左侧蚕姑殿内，图中右侧为嫘祖，手中拿着纺锤，左侧为蚕姑，左右两侧共有四位站官，手中各自拿着一件纺织工具。

图 5-28　山西省晋城高平市谷口村三蚕圣姑牌位（张林峰提供）

　　在晋南地区，蚕神嫘祖常与天蚕神马头娘、地桑神桑女合称"三蚕圣母"或"三蚕圣姑"，合祀于蚕姑殿或三蚕圣姑庙，并通常袝祀在道教宫观之中。上图所示为"三蚕圣姑尊神之位"牌位，位于山西省晋城高平市谷口村骷髅庙偏殿中，无神像，仅余一牌位。

图 5-29　山西省阳城县蟒河村黄龙庙三蚕圣母塑像（叶玮琪摄）（萧放提供）

　　图 5-29 所示为山西省阳城县蟒河村黄龙庙三蚕圣母塑像，即蚕神嫘祖、天蚕神马头娘、地桑神桑女，其中居中者为蚕神嫘祖。

图 5-30　山西运城夏县西阴嫘祖庙山门（颜伟提供）

　　山西夏县西阴村是中国丝绸业的发源地之一，西阴文化遗址曾出土半个蚕茧等重要文物。同时，西阴村也是嫘祖文化的重要传承地，村中的嫘祖庙，就是为供奉教民养蚕缫丝的先蚕嫘祖而建。

四、四 川

图 5-31 四川省绵阳市盐亭县嫘祖宫山门（柯小杰提供）

  嫘祖宫位于四川省绵阳市盐亭县高灯镇街后灯杆山，距盐亭县城 41 公里。据传嫘祖发明栽桑养蚕时，因在野外而常遭鼠害，便用松脂照明以避之。后在此山立杆数丈悬明灯于杆顶以驱鼠，并祈求平安，野蚕家养后渐成民俗。

图 5-32　四川省绵阳市盐亭县嫘祖宫（柯小杰提供）

　　嫘祖宫为高灯镇民众为感念女祖恩德而在山上为其所修建的庙宇。嫘祖宫所在地高灯镇有丰富多彩的嫘祖传说故事、各具特色的嫘祖景观。更有大量的出土文物，如石斧、古桑化石、古桑残、铜镜、金蚕、古丝绢、古梭子、陶鸡、陶虎、陶杯、陶房、开元通宝铜钱和祭文原件。

图 5-33　四川省绵阳市盐亭县嫘祖宫嫘祖塑像（柯小杰提供）

　　此像位于四川省绵阳市盐亭县高灯镇嫘祖宫，为举行祭祀活动时的塑像，塑像为古代仕女形象，手捧蚕丝。

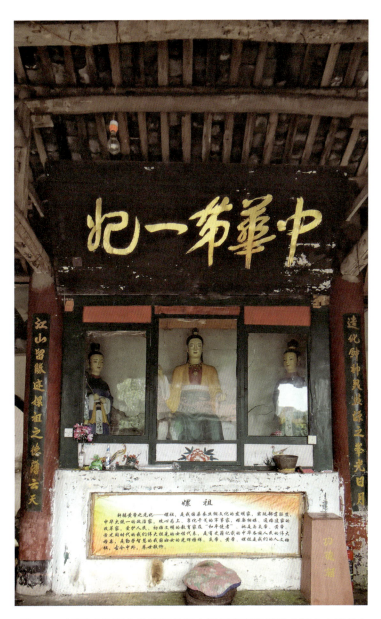

图 5-34　四川省绵阳市盐亭县丝源山嫘祖庙嫘祖塑像（柯小杰提供）

　　神龛中主要供奉嫘祖，两侧有陪侍的侍女，神龛上方为"中华第一妃"的牌匾，两侧楹联为"造化钟神灵丝源之峰光日月，江山留胜迹嫘祖之德薄云天"。神龛下方为嫘祖的介绍：

嫘　祖

　　轩辕黄帝之元妃——嫘祖，是我国桑蚕丝绸文化的发明家，实现部落联盟，中华大统一的政治家，攻心为上、帛化干戈的军事家，嫁娶相媒、通婚建家的改革家，爱护人民、初始文明的教育家及"和平使者"。她是与炎帝、黄帝、蚩尤同时代的我们伟大祖先的女性代表，是有史籍记载的中华各族人民的伟大母亲，是勤劳智慧的我国妇女的光辉榜样。炎帝、黄帝、嫘祖是我们的人文始祖，古今中外，举世敬仰。

图 5-35　四川省绵阳市盐亭县丝源山嫘祖庙黄帝塑像（柯小杰提供）

神龛内供奉着黄帝及其"七辅"的塑像，两边的楹联为"黄帝制衣裳福造人类，嫘祖兴蚕业惠及子孙"。

图 5-36　四川省绵阳市盐亭县先蚕楼（柯小杰提供）

　　先蚕楼为重檐歇山顶式建筑，"先蚕楼"三字由香港文学博士、盐亭县音乐家协会荣誉顾问蔡丽双所题，两侧楹联"古镇气势巍蜿　任风吹雨打终屹立，先蚕功勋卓著　虽周风秦暴总辉煌"。

图 5-37 四川省绵阳市盐亭县玉龙山山门（柯小杰提供）

玉龙山位于四川省绵阳市盐亭县林农镇，距盐亭县城 35 公里，海拔 700 米。玉龙山原名嫘宫山，相传黄帝从中原来西陵与嫘祖联姻，曾于此山结庐居住，故名嫘宫山。山上古庙始建于隋末唐初，于明天启四年（1624 年）复建。清道光年间更名玉龙山，历代多有扩建，现已建成七层十大殿，2010 年被评为国家 AA 级旅游景区。山门前有碑刻《玉龙山志》：

玉龙山本嫘宫山，因嫘祖结庐养蚕而名。明天启年间一堪舆家至此伫看瑞气钟秀，光腾灵溪之上赞叹：此山从剑门蜿蜒而来，过龙门障开云水，玉龙崛起光芒万丈。此后更名玉龙山。传黄帝与嫘祖龙凤呈祥"金马流丹"，"龙蛇走马"传为佳话。（时由王宫组成的龙队从金马山来，由乡绅组成的蛇队从懒蛇寨至，嫘祖骑金马居蛇队之首）。临行时，百姓纷至杳来为嫘祖送行，后百姓送红鞋以示嫘祖远行。洪荒之世，嫘祖沉沦、人故名留。明天启四年修葺一新的嫘轩宫前一石碑："嫘宫湮没，无记年矣，山河顿改，名犹存之。地脉风水、斗转星移、玉龙万丈、四境平安、再建嫘宫、以铭圣德"。

每年农历二月初九嫘祖生日，朝山谒祖逾万人。喧阗若市比肩接踵、商贾云集。唱大戏祭先蚕，人声鼎沸。余兴不尽，兴起朝山会夜幕高张，人们手提灯笼从山下四面涌向嫘宫，遍山火龙起舞盛况空前。升平盛世、民物恬熙，康衢之侧还听含哺鼓腹之歌。

石蕴玉而山晖。玉龙山几处名胜皆因嫘祖而名。金马山（见前）。水观音，山脊一泓清水澄清如镜，传嫘祖用此水给人治病，皆碑嫘祖俨如观音而名。老鹰洞，传嫘祖蚕遭鼠害，王母派山顶洞人养鹰捕鼠。至今石桌石床尚存。其他如华锦堂、织姑垭、蚕子山不胜枚举。

玉龙山紫气东来（岳池山是进士李自来攻书之地），南纳祥光（笼子寨李冰祠），北扼雄关（张飞曾守），西峙太元（文同启蒙地）。风物灵秀、占尽风情，自古为川北名刹。殿宇华光弘敞，重台景阳秀出、赫奕翠焕、阴临郁律。历来古柏肝郁遮天蔽日。建筑古朴雄奇，仰观晴峦耸秀，绀宇凌空，俯瞰霞光夕照，忽而云海翻波、山腰玉带、胭霞靠森，天造地设、神谋化力。堪为游人放怀适情游心玩感佳处。仙人洞光怪陆离神秘诡谲、妙趣横生、令人神往。据旧县志古迹载："龙山古洞，深不知底，时有人放鸭入，鸭从龙潭石溪庙龙洞出"。"龙井之水"传遍周边县。

　　玉龙山是五千年西陵氏发祥地，儒释道云集，引无数文人墨客来游。李白老师赵蕤曾隐居此山，李调元手书："世上无双境，人间第一山"。文同于宋仁宗嘉祐七年来此写《早春至报恩寺》诗章。清头品顶戴四川总督丁制台赠"共荷神庥"金匾。其他各州府官员、佛道信众送匾百余毁于文革。十年浩劫、黄钟毁弃、瓦釜雷鸣、移祸枯桑，清末十甲沟冯登玉捐资修庙荡然无存，各种文物付之一炬不胜悲切。改革春风、吹又复生，积之既久、其速必发。八方信众砂聚腋集仅数年于荒榛瓦砾上建一百零八间房。古刹逢春，巴蜀及海内外名流张大千弟子寒坡山人、唐文光、李国超、张成材、衡平等为山赠诗书画千余体。原省委书记杨超题："文化景点、旅游景区"。九四年重建发掘镶金香炉、瓷器三件稀世文物。台湾同胞多次来山谒祖，被立为市、县及旅游景点。

　　余言不尽，聊成四韵：绝蠟峥嵘，烟障里、翠浓欲滴。仙人洞、神秘诡谲，鸳留踪迹。一绺山泉流雅韵，几多仙鹤悠闲歇。凤求凰，嫘祖引轩辕，曾留跬。二月九，人蚁集。香火盛、良辰吉，拜人文始祖、惊尘遮日。观戏白天车辐辏，朝山夜晚灯笼烨。海内外、华夏子孙来、情洋溢。

冯朝富撰文
二〇一八年七月一日

图 5-38　四川省绵阳市盐亭县玉龙山嫘祖阁（柯小杰提供）

　　嫘祖阁，主要供奉嫘祖，庙前门柱上有楹联"德肇文明泽被苍生千秋庙祀华夏女祖，重光史册开拓盛世一代天娇炎黄子孙"。

图 5-39　四川省绵阳市盐亭县玉龙山蚕女庙（柯小杰提供）

　　蚕女庙供奉的是马头娘，庙中塑像为一女子手持蚕茧状，旁边为一白马，取材于"白马化蚕"的传说。庙前楹联为"放炮烧香求菩萨保佑我蚕丝茂盛，穿绸吃米靠改革才让人衣食不愁"。

五、广　东

图 5-40　广东潮阳黄帝庙（陈生馨摄）（覃霄提供）

　　该庙位于广东省汕头市潮阳东山风景区的著名景点"曲水流觞"旁山侧，是广东省内稀有的一处黄帝庙。始建于清朝中后期，鸦片战争后，外国传教士凭借不平等条约逐渐进入潮阳，当地一些有识之士，为了抵制外来不良思想的影响，认为作为炎黄子孙，应该崇敬黄帝，于是便兴建了黄帝庙。原庙于 1941 年被毁。因制衣冠始于黄帝，故潮阳织造业的人员对其特别敬重，1981 年，潮阳黄帝庙便是由"制锦工人"重建。

图 5-41　广东潮阳黄帝庙黄帝、嫘祖塑像（陈生馨摄）（覃霄提供）

　　广东潮阳黄帝庙主祀黄帝、嫘祖，旁边还配祀有仓颉、柏鉴等。仓颉先师的神位位于黄帝神位龙畔。仓颉是黄帝的文官。相传，仓颉"始作书契，以代结绳"。黄帝神位虎畔，是武官柏鉴大师神位。他原为轩辕黄帝部下的总兵官，曾大破蚩尤，后被姜子牙封为"清福正神"，负责监造封神台。

第六章　嫘祖神话的现代创意图片

随着嫘祖神话的传承和传播，嫘祖文化的价值也日益被人们所重视。在宣称嫘祖故里的多个地方，都修建了以嫘祖神话为主体的建筑景观，许多以嫘祖神话为主题的现代雕塑、壁画、绘画等创意图像被创造出来。同时，与嫘祖相关的牌坊、碑刻、楹联等景观也被不断的生产和再生产。而在文旅产业发展的背景下，这些地方也开发了一些以嫘祖文化为主题的文创产品，这些文创产品中的嫘祖形象，既有传统的大气端庄型，也有现代的俏皮可爱型。

同时，在许多以远古神话为主题的影视剧中，都有嫘祖的形象。如1994年上映的香港剧情片《炎帝传奇》中就有李青青扮演的嫘祖形象；2011年播出的古装神话剧《十二生肖传奇》中的嫘祖则由陈婷扮演；还有2016年在中国大陆上映的《轩辕大帝》中的嫘祖，则由周韦彤饰演。这些影视剧中的角色，相对来说还较为符合嫘祖神话中的形象。

此外，还有一些游戏中也创造了嫘祖的角色造型，但这类游戏中的嫘祖造型则与传统有些差异甚至较为颠覆。如《古剑奇谭三》中的嫘祖，热情、坚毅、果敢，拥有强大的气场，她是缙云的师傅，主动求婚于姬轩辕；手机游戏《方舟指令》中九霄的风属性SR誓灵也是嫘祖，但却是萝莉造型。她是九霄历史留芳的实干家，发明了养蚕，史称嫘祖始蚕。她引领九霄时尚潮流，坚持特殊的场合就应该配上特殊的衣服，但对自己的体型却颇有微词，认为萝莉体型限制了她在时尚界的可持续发展。①

---

① 百度百科：嫘祖（游戏《方舟指令》中的角色），https：//baike.baidu.com/item/%E5%AB%98%E7%A5%96/56490166#viewPageContent。

　　嫘祖神话的现代图像，既有传统的延续，又有现代的创新。嫘祖作为黄帝元妃，母仪天下，其形象是端正大气的；作为先蚕蚕神，嫘祖的形象又总与丝绸、蚕茧、纺车等蚕桑丝织业的器物结合在一起。这类形象说明传统的嫘祖形象已经深入人心，引起了广泛的认同。这些符号是嫘祖形象的重要元素，是建构文化认同的基础。然而当下的一些创新型的嫘祖图像，虽然创新性较强，但由于缺少相应的文化认知，创作出的形象缺乏嫘祖的特色。如果缺少相关的语言叙事，甚至无法分辨出嫘祖与其他女神的区别。

　　神话图像的创作具有重要的意义，不仅可以传承中华文脉，也有利于构建中华民族的文化认同。神话人物的形象对于神话的传承发展有着重要的影响，因此，神话图像的创作更需认真对待。深挖神话的文化内涵，提炼相应的文化符号，在传统基础上的适度创新，才能得到人们的认可与认同。

一、圆 雕

图 6-1 　湖北远安苟家垭嫘祖文化园嫘祖塑像（冀荟竹提供）

　　该嫘祖雕像高 12 米，基座长 15 米，雕像重 458 吨，采用汉白玉雕刻。此嫘祖塑像样貌年轻，衣着原始，坐西朝东，手捧蚕丝，仪态端庄，展示了嫘祖母仪天下、心怀万民之神态。塑像底座上遍布桑叶，正面刻有武汉大学博士生导师、曾为香港回归作《香港赋》的知名作家李敬一创作、湖北省书法家协会副主席、武汉市书法家协会主席、原三峡大学艺术学院院长周德聪书写的《嫘祖赋》。

图 6-2　湖北远安苟家垭镇嫘祖塑像（邱安凤提供）

1993 年 1 月，苟家垭镇政府决定为养蚕始祖嫘祖塑像，并作为镇标。塑像由宜昌市园林设计科研所设计，宜昌市建委审定，用河北曲阳汉白玉雕塑。1994 年 1 月 18 日，塑像在苟家垭镇老街南端落成，镇政府举行了嫘祖雕像揭幕庆典。嫘祖风姿绰约，母仪天下，左手拈线，右手纺纱，以处尊居显的视角凝视着她的万千子民。1999 年，苟家垭镇政府撰刻嫘祖雕像碑记，碑文内容如下：

　　远安，上古西陵氏活动之中心区域也。嫘祖，西陵女也。古志传言："黄帝铸鼎，采铜荆山。时值初夏，黄帝身穿兽皮衣裳，渐觉闷热。从人建言，可效炎帝改披树叶，黄帝不许，见嫘祖与西陵诸女皆身披绢帛，养蚕造丝。试为黄帝衣，凉爽舒适，黄帝惊且喜，又悦其美，遂求为正妃，教民桑蚕。民感其德，尊为先蚕。"岁月悠远，图书寂寞，故志所言，自难验证。唯嫘祖乡人，岁岁三月十五嫘祖生辰，万众云集，龙灯社火，醴酒香花，来祀前贤。此一民俗，竟穿透历史风雨，千百年不绝，为全国仅见。今苟家垭镇政府又为嫘祖立像，以纪念中华母亲为世界文明所建之丰功，实盛世之气象也，特为文记之。

图 6-3　湖北宜昌西陵山嫘祖庙黄帝与嫘祖像（邱安凤提供）

　　该塑像位于湖北宜昌西陵山嫘祖庙，由宜昌市鸿艺景观雕塑厂制作。该塑像中的黄帝、嫘祖造型质朴，黄帝头戴草帽，手持耒耜站立，裤腿卷起，农夫形象，旁边嫘祖侧坐于其身前，农家少女的样子。

图 6-4　四川省绵阳市盐亭县丝源山嫘祖塑像（柯小杰提供）

　　该塑像位于四川省绵阳市盐亭县丝源山上，高 21 米，共投资 70 万元，是目前为止全国最大的嫘祖塑像。嫘祖手捧蚕丝，目光坚定，注视前方，雄伟的身姿在 10 里之外也可看到。2015 年 2 月 13 日，盐亭县高灯镇在丝源山景区举行了嫘祖塑像落成庆典。

图 6-5　杭州中国丝绸博物馆内嫘祖雕塑

　　此雕塑位于浙江省杭州市中国丝绸博物馆内，嫘祖手持飘逸的丝绸，造型独特，极富美感。

图 6-6　浙江理工大学嫘祖塑像

　　浙江理工大学前身为清代杭州知府林启为实现实业救国、教育救国的宏愿于1897年创办的蚕学馆。抗战期间，由蚕学馆改名的杭州蚕丝职业学校曾在缙云壶镇流亡办学，与缙云人民结下了深厚的情谊。为延续友谊，缙云天喜控股集团公司在2017年浙江理工大学一百二十周年华诞之际捐建了"嫘祖"塑像。该雕塑由杭州上川雕塑艺术有限公司设计。

图 6-7　缙云县仙都风景区轩辕文化街的黄帝南巡主题雕像（孟令法提供）

　　黄帝南巡主题雕像，花岗岩质地，位于缙云县仙都风景区轩辕文化街入口的黄碧村。黄帝面向仙都黄帝祠宇方向，其形貌伟岸，头戴无旒之冕，身着宽袍，俨然是古帝王风范。其侧为妻嫘祖，头戴有翅华冠，形貌严肃，身着丽服，右手挽黄帝左臂。此雕像乃 2010 年由中央美术学院雕塑艺术创作研究所设计，长14 米，宽 6 米，高 6.95 米。石雕前的"导游词"写道："相传阪泉之战，炎帝失败，率部退居长江以南的洞庭湖畔。黄帝挥师南下，炎帝不久驾崩，葬湖南炎陵。黄帝统一天下，心情愉快地越过井冈山，途经庐山及黄山，来到浙江南部山区，最后浩浩荡荡一路风光到达缙云，铸鼎炼丹。缙云新碧镇的黄碧村，因黄帝车辇住跸的地方，所以叫'黄跸'，后改成'黄碧'"。此雕像所反映的故事内容，俨然具有《列子·黄帝》所言"黄帝与炎帝战于阪泉之野，帅熊、罴、狼、豹、貙、虎为前驱，雕、鹖、鹰、鸢为旗帜，此以力使禽兽者也"相合，似与南巡不符，但其正妻嫘祖在侧的形象，又不似征战。

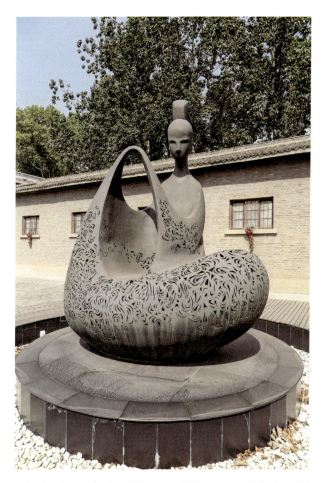

图 6-8　山西省高平市吉利尔潞绸文化园嫘祖像（叶玮琪摄，萧放提供）

　　该塑像位于山西省高平市吉利尔潞绸文化园内，为一现代创意雕塑。嫘祖头顶发髻，双手合十，既似在纺纱织布，又似在祈福。她盘腿而坐的造型浑圆一体，犹如一个蚕茧。"蚕茧"上镂空的花纹，仿造出潞绸织物的肌理感。

图 6-9 山西永济鹳雀楼嫘祖塑像（唐睿提供）

该塑像位于山西省运城市永济市蒲州镇的鹳雀楼内，为一现代雕塑作品。旁边的标识牌上是《嫘祖养蚕》的介绍：嫘祖系西陵部落首领，黄帝娶嫘祖为妻，首创养蚕制丝织绢，衣被天下，丝美中华。西周以来，人们奉嫘祖为中华母祖，尊为先蚕。嫘祖"养天虫以吐经纶，始衣裳而福万民"，功高日月，在山西夏县西阴村遗址发现的古代半截蚕茧遗物，佐证了河东蚕绢业的悠久历史。

图 6-10　中华郡文化旅游区黄帝、嫘祖等的塑像（张毅摄）

　　该组雕塑为创世神话中的黄帝、嫘祖等人文始祖，中间为黄帝，其右侧手捧丝绸者为其元妃嫘祖。

图 6-11　陕西黄陵县黄帝陵生活苑嫘祖塑像（张毅摄）

嫘祖，黄帝之妻，是养蚕制衣的发明者。雕塑取材嫘祖缲丝的故事，半跪的形态象征其向黄帝展示养蚕制衣成就。"井"雕塑取材黄帝时期的伯益发明水井的故事，反映出水井对于人类文明发展的重大意义，水井出现之前，人类逐水而居，水井的发明使人类活动范围扩大。

二、浮　雕

该组地雕位于陕西黄陵县黄帝陵生活苑，共七块，详细展现了嫘祖植桑、采桑、养蚕、缫丝、制色、染色、织布的过程。

图 6-12　陕西黄陵县黄帝陵生活苑地雕之植桑（张毅摄）

图 6-13　陕西黄陵县黄帝陵生活苑地雕之采桑（张毅摄）

图 6-14　陕西黄陵县黄帝陵生活苑地雕之养蚕（张毅摄）

图 6-15　陕西黄陵县黄帝陵生活苑地雕之缫丝（张毅摄）

图 6-16　陕西黄陵县黄帝陵生活苑地雕之制色（张毅摄）

图 6-17　陕西黄陵县黄帝陵生活苑地雕之染色（张毅摄）

图 6-18　陕西黄陵县黄帝陵生活苑地雕之织布（张毅摄）

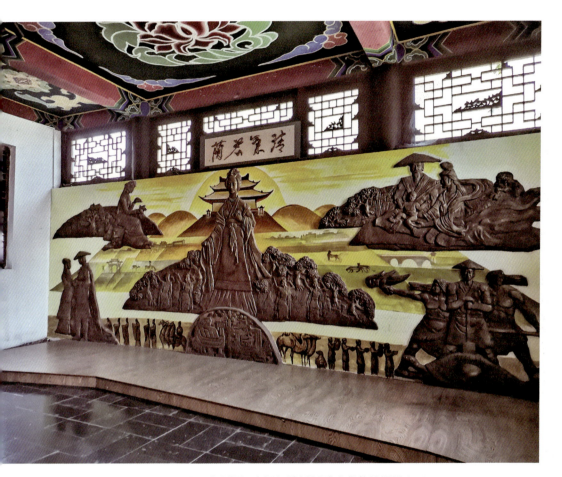

图 6-19　湖北宜昌西陵山嫘祖庙嫘祖神话浮雕（冀荟竹提供）

　　湖北宜昌西陵山嫘祖庙后殿壁照藏一幅精工制作的黄帝嫘祖桑蚕图。此图为仿铜壁画，古朴典雅，整个画面构图精巧，中间为嫘祖雕像，四周围以四幅嫘祖事迹的相关浮雕，画面人物栩栩如生，可谓佳作。

图 6-20 河南西平嫘祖文化苑浮雕墙（吴晓东提供）

　　该浮雕墙位于河南西平嫘祖文化苑内，上刻"中华民族之母——嫘祖"，共有 12 幅浮雕画配以相应的文字介绍，描绘了嫘祖的生平与功绩。

图6-21　河南西平嫘祖文化苑浮雕1（吴晓东提供）

碑上文字如下：

中华民族之母——嫘祖

五千年前鸟语花香的某一天。河南西陵（现在的西平县）某部落降生了一个女孩。她就是该部落族长的女儿嫘祖。

图 6-22　河南西平嫘祖文化苑浮雕 2（吴晓东提供）

　　嫘祖出生不久，洪水泛滥。巫师说："快把族长的女儿丢进山中，方可消此灾难。"族长无奈之下忍痛把她丢进山中。然而，鹰飞来为嫘祖挡风雨、老虎跑来喂养嫘祖，山里的飞禽走兽保护着可爱的小嫘祖。

　　洪水过后，进山打猎的族人发现了安然无恙的嫘祖，十分惊喜。赶紧抱回送给了族长。整个部落欢天喜地，族长高高地举着女儿说："嫘祖啊嫘祖，你如此命大，经过这次洗礼，你当不怕苦不怕累地造福人类。"

图 6-23　河南西平嫘祖文化苑浮雕 3（吴晓东提供）

　　转眼嫘祖长大了，亭亭玉立，勤劳善良，她把野蚕养在家中，结的蚕茧串起来戴在脖颈上如同项链般发出美丽的光芒。

　　一天，嫘祖进山玩耍，见山洞中有一只大蜘蛛正在编织大网，嫘祖想：如果把蚕茧的丝也织成网一样穿在身上多好。说不定还能挡风御寒呢！（这个山洞后人称为盘丝洞。现仍存在）

图 6-24　河南西平嫘祖文化苑浮雕 4（吴晓东提供）

　　嫘祖回到家中，开始研究蜘蛛织网，终于研究出了缫丝、织帛的方法。

　　一天，轩辕黄帝到西陵访贤问道，见桑园中一个身缠金色灿烂腰巾，上佩银色丝巾，阳光下闪着轻柔光彩的姑娘，黄帝一愣，暗想：她就是人们传说的养蚕姑娘嫘祖吗？

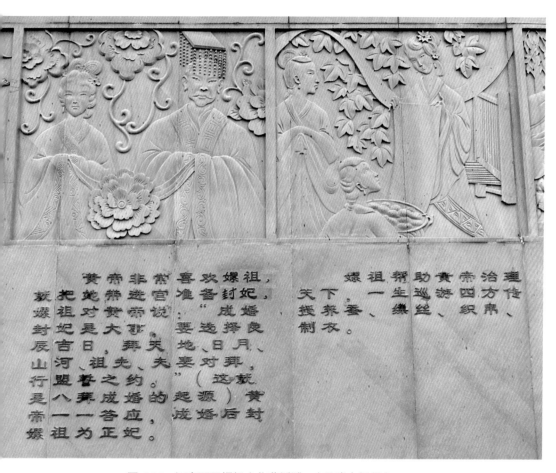

图 6-25 河南西平嫘祖文化苑浮雕 5（吴晓东提供）

　　黄帝非常喜欢嫘祖，就把她带进宫准备封妃，嫘祖对黄帝说："成婚封妃是大事。要选择良辰吉日，拜天地、日月、山河、祖先、夫妻对拜，行盟誓之约。"（这就是八拜成婚的起源）黄帝一一答应，成婚后封嫘祖为正妃。

　　嫘祖帮助黄帝治理天下，一生巡游四方传授养蚕、缫丝、织帛、制衣。

图 6-26　河南西平嫘祖文化苑浮雕 6（吴晓东提供）

嫘祖与黄帝一起开创了中华民族男耕女织的农耕文明。从此炎黄子孙从披树叶、兽皮、麻、衣葛进步到了穿丝绸的时代。

嫘祖被人们尊为"人文女祖""蚕神""道神""中华民族之母"。

图 6-27　河南西平嫘祖文化苑浮雕 7（吴晓东提供）

男耕女织　开创文明

　　嫘祖一生辅佐黄帝统一华夏、治理天下，教民养蚕治丝，无须树叶蔽体，令地产桑育蚁，遂教人力回天。脱渔猎以事农耕，制衣裳而兴教化。德配黄帝，辅成怀柔统一之功，恩重元孔，垂教以农立国之本。几千年来，芸芸众生，悉赖生存，数千万决决民众咸归德化。功高共日月同辉，英灵与天地同寿（北宋建隆元年疏文）。

　　她终生教导和推广蚕桑事业，以劳定国，以死勤事，带领人民走出披树叶、兽皮的蒙昧时代，逐步走向文明。嫘祖故里西平，是丝绸之路的源点，服饰文明的起点。

图 6-28　河南西平嫘祖文化苑浮雕 8（吴晓东提供）

　　该组浮雕描绘的是黄帝与嫘祖开创了男耕女织的华夏文明，图像左侧是"男耕女织　开创文明"八个大字，右侧是黄帝与嫘祖的浮雕像以及男耕女织的和谐画面。

图 6-29 浙江省丽水市缙云县黄帝祠宇朝祖亭（孟令法提供）

此亭位于浙江省丽水市缙云县黄帝祠宇景区内，亭中为黄帝嫘祖画像石碑，亭两旁楹联为"恩泽九州轩辕开地利，德被万世嫘祖赐民福"。

图 6-30　浙江省丽水市缙云县黄帝祠宇黄帝嫘祖浮雕（孟令法提供）

　　该浮雕像位于缙云仙都黄帝祠的后部朝祖亭内，仿汉画像石"黄帝嫘祖夫妻"图，立于朝祖亭中，为浙江省缙云县政府与四川省盐亭县政府共立于 2006 年 10 月。

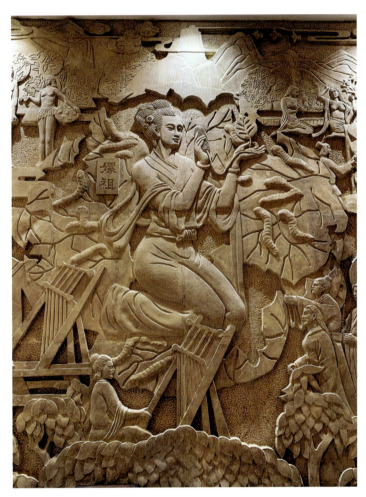

图 6-31　陕西省富平县中华郡文化旅游区嫘祖浮雕（张毅摄）

　　此雕塑为青石浮雕，位于陕西省富平县中华郡文化旅游区内，嫘祖右手拿茧，左手抽丝，跪坐于图像中间的位置，处于构图中心且形象高大几乎占据了五分之一的画面，周围是桑叶、蚕、织机，以及采桑、织绢、跪拜的人，不成比例的大小，共同烘托凸显出中心的嫘祖。

图 6-32 　陕西省黄陵县中华始祖堂展览馆嫘祖教织壁画（张毅摄）

　　此壁画为木质浅浮雕，位于陕西省黄陵县中华始祖堂展览馆，主题为"嫘祖教织"，嫘祖颈戴贝壳项链，身着华丽的丝绸衣服，手中捧着一匹绢，身后是手持丝线的侍女。

三、壁　画

图 6-33　湖北远安嫘祖文化博物馆黄帝嫘祖壁画（冀荟竹提供）

　　此壁画位于湖北省宜昌市远安县嫘祖文化博物馆内，是由三峡大学艺术学院的周传发教授创作的，共九幅，连成一个壁画长卷，图 6-33 是第五幅《黄帝正妃》，描绘了黄帝与嫘祖结为夫妻。

　　图 6-34 至图 6-42 是该组壁画原图全貌：

图 6-34 嫘祖文化博物馆黄帝嫘祖壁画一《嫘祖降生》(周传发绘，邱安凤提供)

图注写道：上古时期的一个清晨，伴随惊雷炸响，一仙姑乘样云下凡，降生于鹰儿寨下的西陵氏部落（今湖北省远安县嫘祖镇雷家冲一雷氏家庭）。她就是后来人们尊称的"嫘祖"。

图 6-35　嫘祖文化博物馆黄帝嫘祖壁画二《养蚕缫丝》(周传发绘，邱安凤提供)

　　图注写道：嫘祖聪敏巧慧。她在小溪边的桑树上发现野蚕吐丝作茧，便带领族民植桑养蚕，收茧缫丝，后世称她为"蚕神"。这条溪亦名"茧沟"，其湾为"蚕母娘湾"。

图 6-36　嫘祖文化博物馆黄帝嫘祖壁画三《发明织机》(周传发绘，邱安凤提供)

图注写道：嫘祖观察蜘蛛在窗口织网，从而发明了织机。她耐心地教导村姑们操作，将蚕丝织成一匹匹柔软亮丽的绸缎。

图 6-37　嫘祖文化博物馆黄帝嫘祖壁画四《衣装西陵》(周传发绘，邱安凤提供)

　　图注写道：嫘祖尝试着制衣成功，并教村姑们学艺。那时，人们都是身披兽皮和棕片，西陵氏部落却最先穿上舒适的绸衣。

图 6-38 嫘祖文化博物馆黄帝嫘祖壁画五《黄帝正妃》(周传发绘，邱安凤提供)

图注写道：黄河流域轩辕氏部落首领黄帝，南下于荆山炼铜。他见嫘祖才艺惊世，遂娶为正妃，在山洞成婚。此洞后名"轩辕洞"。

图6-39　嫘祖文化博物馆黄帝嫘祖壁画六《广兴丝绸》(周传发绘，邱安凤提供)

　　图注写道：嫘祖伴黄帝巡游天下，史称"行神"。后人亦称"旅游之神"。她到许多地方传授养蚕缫丝、织绸制衣的技艺，使人们逐渐穿上了绸衣。

图 6-40 嫘祖文化博物馆黄帝嫘祖壁画七《礼仪婚嫁》(周传发绘，邱安凤提供)

图注写道：那时，各部落大都为群婚。嫘祖辅佐黄帝制订婚嫁礼仪，奠定后世婚姻制度的基础。因此，人们称颂嫘祖为人文初祖。

图 6-41 嫘祖文化博物馆黄帝嫘祖壁画八《定鼎中原》(周传发绘，邱安凤提供)

图注写道：嫘祖辅佐黄帝治理天下，致使黄帝部落一统天下、定鼎中原。万民归心，天下安泰。后世称她为"旺夫神""和平女神"。

图 6-42　嫘祖文化博物馆黄帝嫘祖壁画九《嫘祖庙会》(周传发绘，邱安凤提供)

　　图注写道：远安县嫘祖镇，举办祭祀嫘祖庙会的习俗，千古延传。农历三月十五日，乃嫘祖之诞辰。这天，香客涌动，歌乐喧天，热闹非凡。

图 6-43　陕西省富平县中华郡文化旅游景区祈福台景点二楼壁画《嫘祖缫丝》(张毅摄)

　　该壁画位于陕西省富平县中华郡文化旅游景区祈福台景点二楼，虽然图片中有嫘祖缫丝的文字，然而图像中并没有表现出这一主题，图中仅能看出桑园中三位女子手持或身披飘逸的丝绸，中间的嫘祖除了发型和衣服与其他两位不同外，其他差别不大，如果不借助文字，恐怕很难辨别嫘祖的身份。

图 6-44　浙江省丽水市缙云县黄帝祠宇壁画（唐睿提供）

　　此壁画位于浙江省丽水市缙云县黄帝祠宇景区内，由杭州方圆造型艺术公司谢煌画，画中所绘为黄帝巡视桑园，桑园中各女子，有的在采桑叶、有的织锦、有的在喂蚕、有的在缫丝、有的在制衣。一女子手捧着盛着桑叶的竹簸箩给黄帝看，黄帝手拿一片桑叶，似与女子对话。整幅画面栩栩如生，极具故事性。

图 6-45　山西夏县西阴村嫘祖宣传画

　　该图位于山西省夏县西阴村，是为宣传嫘祖、传承民族文化而做，画面中间为嫘祖，右边为相关介绍：

　　嫘祖，西陵（西阴）氏之女，黄帝正妃，教民养蚕治丝，使先民摆脱了树叶蔽体的原始生活。进而有了闻名于世的丝绸之路，又有了近代的"丝绸大国"——中国，约 1500 年前的北周，封嫘祖为"先蚕"（蚕神）。

　　夏县尉郭乡西阴村是世界蚕文化和人类文明的发源地，有着丰厚的文化底蕴。

　　西阴村遗址 1926 年被发现和发掘，由考古学家李济主持，该遗址是中国考古学者发现并主持发掘的第一处新石器时代文化遗址。

　　在 1926 年对西阴遗址的考古发掘中，李济先生发现了半个蚕茧，鉴定并确认其是一种家蚕，为中国人在史前新石器时代已懂得养蚕抽丝提供了证据。

　　1996 年，西阳村遗址被国务院公布为第四批全国重点文物保护单位。

　　嫘祖是有史籍记载的中华民族的伟大母亲，华夏文明的奠基人。嫘祖文化是中华传统文化的宝贵遗产和精华。

西阴支村委宣　二零一七年九月

图 6-46　山西夏县西阴村嫘祖宣传画

　　该图位于山西省夏县西阴村，是为宣传嫘祖文化而做，画面所呈现的是一片桑园的景色，中间为嫘祖，手持丝绸，两边为采桑的女子。

图 6-47　山西夏县西阴村嫘祖宣传画

　　该图位于山西省夏县西阴村，是为弘扬嫘祖文化而做，画面中嫘祖头戴花环身披树叶，坐在一块岩石上，身边放着盛满桑叶的竹簸箩，桑叶上爬满蚕。嫘祖低头喂蚕，若有所思。

图 6-48　河南新郑圣母宫嫘祖的传说壁画（冀荟竹提供）

　　此壁画绘于辛卯年一月，描绘的是黄帝嫘祖初次见面的场景。壁画右侧是对
嫘祖的传说的介绍：黄帝打猎西太山，回归时见一心灵手巧的养蚕女子，就是后
来带领天下女人抽丝织锦的嫘祖，即黄帝的夫人。

图 6-49　河南新郑圣母宫蚕神的传说壁画（冀荟竹提供）

　　此壁画绘于辛卯年二月，描绘的是嫘祖教民养蚕，壁画左侧是《蚕神的传说》：嫘祖言传身教，引导人们植桑养蚕抽丝织棉，为后来纺织业发展起到了推进作用，为纪念嫘祖的功德，人们把她供奉为蚕桑业祖师——蚕娘。

四、碑刻、楹联、相关建筑

图 6-50　湖北远安嫘祖文化园（冀荟竹提供）

嫘祖文化园，为纪念黄帝正妃、人类养蚕缫丝始祖、中华民族伟大母亲嫘祖而建，占地 260 亩，投资 4 000 万元，由华中科技大学和北京绿十字共同设计，政府和远大公司共同承建。园区分为旅游信息咨询中心、嫘祖博物馆、嫘祖广场和嫘祖祭拜区。嫘祖文化园铺装采用本地青石、毛石板，以体现生态古朴理念和浓厚的地方文化；绿化树木以桑树为主，以紫薇、樟树、五角枫等乡土树种为辅，力求彰显种桑养蚕的历史悠久。

图 6-51　四川省绵阳市盐亭县华夏母亲嫘祖国家纪念公园（柯小杰提供）

　　华夏母亲嫘祖国家纪念公园位于四川省绵阳市盐亭县金鸡镇，是"大九环线"上的重要节点。公园规划面积 7.2 平方公里，按"一心（嫘祖陵）、两轴（三祭朝拜轴和八拜水祭轴）、四板块（核心祭祖板块、文化展示板块、特色小镇板块、旅游度假板块）"三大部分完成高水准规划设计，投资 20 亿元，达到国家 4A 级风景区标准，力争实现 5A 目标。

　　在 2017（丁酉）年华夏母亲嫘祖故里祭祖大典上，国务院参事室新闻顾问、中央文史研究馆馆员、始祖山中华圣地建设促进会会长赵德润为盐亭"华夏母亲嫘祖国家纪念公园"授牌。

图 6-52　四川省绵阳市盐亭县嫘祖陵（柯小杰提供）

　　嫘祖陵位于四川省绵阳市盐亭县嫘祖镇（原金鸡镇）青龙山，坐北朝南，以山为陵，以墓为心，左右两边是高耸的钟鼓楼。嫘祖陵远在秦汉以前就已建成，是人们思古怀亲追忆祭祀嫘祖的地方。恢复重建的嫘祖陵为八卦形，以山为陵，外露三方，内藏五方。陵墓边长为 24.95 米，意为二十四节、九五至尊，陵直径60 米，高 190 米，属中华女祖第一陵。1993 年，四川省老领导、学者杨超为原墓题写的"嫘祖墓"碑，包含在陵墓正中。陵前碑亭，宽 14 米，高 9 米，采用八卦中的坤卦形结构。陵碑高 2.8 米，宽 1.2 米，厚 0.3 米，"嫘祖陵"三个古篆体大字是由新加坡著名华人书法家丘程光先生到盐亭书写的。碑亭前为别具特色的石制龙凤浮雕香炉，长 7 米，宽 1.5 米，高 2.5 米。

图 6-53　四川省绵阳市盐亭县丝源山（柯小杰提供）

　　丝源山位于四川省绵阳市盐亭县，相传嫘祖在此建了西陵部落第一个丝绸贸易市场，此后源源不断的丝绸经这里通往各地，于是人们就把这座山称为"丝源山"。图中廊桥桥头匾额书"丝源山"三字，两边分别画着"嫘祖植桑养蚕""嫘祖与黄帝相会"的画面。两侧楹联为"嫘祖始蚕桑德留千古，轩辕奠国本迹遗万年。"

图 6-54　四川省绵阳市盐亭县丝源山嫘祖亭（柯小杰提供）

　　此亭位于四川省绵阳市盐亭县丝源山，为双层攒尖八角建筑，一层悬挂"嫘祖亭"匾额一块，有内外两副对联。

图 6-55　河南西平嫘祖文化苑（吴晓东提供）

　　河南西平嫘祖文化苑，位于河南驻马店市西平县西平大道与 107 国道交叉口西，总投资 1.45 亿元，占地面积约 500 亩。由多功能演播厅、广场入口区、西陵古亭、嫘祖广场、嫘祖像、嫘祖殿、丝苑、锦苑、念祖湖、音乐喷泉、农耕文化体验区等部分组成。是集嫘祖祭祀、旅游观光、文化体验及市民休闲活动等功能为一体的大型文化活动场所。

图 6-56　河南西平嫘祖文化苑嫘祖赋（吴晓东提供）

嫘祖赋是著名诗人屈金星联合辞赋作家薛刚创作的一篇古文赋，歌颂了中华民族人文始祖、黄帝正妻嫘祖。赋文被刻石立碑于河南西平嫘祖文化苑。全文如下：

母仪天下，泽被黎苍。德誉华夏，辅佐国纲。凤配轩辕，助雄邦以柔肠；哺育子孙，乳生民以琼浆。巧驯银蚕，理金丝织华夏锦绣；遍览莽原，佐圣君开神州气象。吾仰昆仑，轩辕鸿功磅礴；我思江河，嫘祖懿德浩荡！

今夫西平之地，古乃西陵之乡。青山如屏，野膏腴而禾秀；碧水萦带，霖丰沛而桑旺。地茂嘉木，天生娇嫱。金凤为之而舞，青虬因之而骧。仙姿如风拂玉树，花容似天赐丽妆。劳作于吕墟，桑郁郁而徒碧；求索于董桥，蚕碌碌而空忙。嫘祖手巧，植桑驯蚕而孜孜；先蚕心灵，缫丝织锦则朗朗。撷叶蔽体，从兹匿迹；谋皮为裙，于此消亡。衣锦而行，诀蒙昧之粗犷；垂裳而治，启文明之堂皇。

美服焕然，名播四方。有熊爱慕，出嫁离乡。满腹锦绣，教黎民迎祥纳瑞；一片赤诚，佐黄帝治国安邦。男耕女织，倡以养蚕栽桑；谷丰桑茂，九域海晏河畅。追随轩辕，常施惠于五岭；呵护子民，每播爱于三江。青岚叠翠，寻芳巴蜀；碧水卷雪，观潮海沧。婚通各部，协和万邦。是则枝繁叶茂，瓜瓞绵绵；蛟腾凤起，黎蒸攘攘。

治大国千秋饮誉，育后昆万古流芳。授玄嚣以大义，君临天下；教昌意以大仁，德延绵长。更复哺其颛顼，祥光六合沐浴；育其帝喾，圣德百世荡漾。至若尧舜之崇高；禹功之伟壮。夏启之拓土；子契之开疆。后稷之仁慈，胤续之可仰。莫不渊源于嫘祖一脉，光大于寰宇万方。是则圣恩彪炳，丽山河而常新；母仪昭垂，耀日月而同光。

嗟夫！西陵平夷，吕墟沧桑。椽笔纵横，歌吾故乡。水浪涌，长河浣文明之衣裳；铁炉鼎沸，宝剑耀华夏之光芒。紫气漫天，乃圣母播施之吉祥；锦霞铺地，若先蚕编织之辉煌。乃知天道阴阳，地道柔刚，人道仁义，德风流长。父恩巍巍，母爱煌煌。天降嫘祖，文明华光。丝绸之魅，寰宇传扬。今怀母祖，百转衷肠。乃为颂曰：

泱泱神州，巍巍天中。

婷婷嫘祖，郁郁桑青。

熠熠蚕丝，飘飘裙影。

赫赫轩辕，浩浩鸿功。

眷眷姻缘，绵绵苍生。

行行足迹，处处峥嵘。

翩翩凤仪，矫矫龙腾。

煌煌华夏，猎猎国风！

图 6-57　河南始祖山嫘祖宫碑刻（田兆元提供）

在河南始祖山嫘祖宫前有多方碑刻，图中右侧为原全国人大常委会副委员长雷洁琼题写的"中华民族之母嫘祖"，左侧为河南省闽豫经济文化联谊会敬立碑刻"八闽子弟，追思始祖"。

图 6-58　河南荥阳嫘祖圣母祠中的嫘祖赋石碑正面（吴晓东提供）

　　此碑位于河南省荥阳市太素宫（嫘祖圣母祠）中，正面中间镌刻"嫘祖赋"三字，四角分别镌刻着"中华之华""丝路元点""陆海缤纷""锦绣人间"。

图 6-59　河南荥阳嫘祖圣母祠中的嫘祖赋石碑背面（吴晓东提供）

石碑背面阴刻《嫘祖赋》碑文：

煌煌华夏，人文女祖。黄帝元妃，青阳之母。幼长方山，桑梓为伍；
爱美牧善，品高天阜。识茧于桑，多方忙碌；坠学青虫，经师蜘蛛；
巧思创新，殷勤刻苦。西陵东延，锦川北注；养蚕缫丝，教民衣服。
锦绣岁月，华美乡土；素缦彩缯，发明进步；俏划时代，人寰造福。
百姓崇祀，道铭肺腑，位列九天，化身楚楚。尊为元君，神号太素；
玉仙圣母，名传万古。似虹似霞，霓裳飘舞；美伦美奂，万邦敬慕。
或船或驼，或洋或陆；翻山越海，缤纷丝路。中华文明，辐射和睦。
天地良心，风行云舒；五千春秋，更起宏图。一带一路，举世瞩目；
经纬共赢，发展作主。中国梦圆，全球致富。求真务实，惠泽万物。
至美至善，崇哉嫘祖。

陈玮撰文　陈新池书丹　陈国岭镌刻

苗朝新　宋新建　张民乐　苗松兰　宋华平　张洪亮　阴国林　敬立

公元二零一六年岁次丙申桂月谷旦

图 6-60　四川省南充市丝绸源点铭（马运河摄）

《丝绸源点铭》刻于四川省南充市高坪区六合集团内的"丝绸源点"雕塑背面，全文如下：

秦巴南麓，山高水长，渝水清清，千里画廊，
西陵嫘祖，教民植桑，煮茧缫丝，织绸成裳，
汉唐名片，蜀绫增光，巴蜀缫车，织机古样，
濯色江波，机杼成行，丝路迢迢，永续华章。

图 6-61　湖北宜昌西陵山嫘祖庙雷洁琼题词碑（邱安凤提供）

　　该碑立于湖北省宜昌市西陵山嫘祖庙前，嫘祖庙新建有双亭榭式碑廊，走出碑廊，庙前左边竖立着原全国人大常委会副委员长雷洁琼女士在 1994 年题写的"中华民族之母嫘祖"。

图 6-62　湖北远安荷家垭嫘祖牌坊（杨洪旺摄，邱安凤提供）

　　2002 年，荷花镇政府预征嫘祖牌坊对联。2005 年 4 月 22 日，嫘祖牌坊落成。其整体风格为大理石建构，显得厚重而古朴。牌坊构建是：正前方并列四个双面石鼓，方形柱座基底，四根方形石柱。顶为石梁，中门柱顶上巍然屹立雄狮一对。门额大匾刻"嫘祖故里"四个篆体大字。正中隶体楹联是："启尧发舜功垂千古华夏人文崇初祖，纬地经天衣被万方亚欧丝路拜先蚕"。左右柱顶雕宫灯，柱面篆书楹联是："青史敬书文明业，百姓恒念衣被恩"。

图 6-63　湖北远安嫘祖镇嫘祖主题楹联文化一条街（邱安凤摄）

　　嫘祖主题楹联文化一条街，位于湖北远安县嫘祖镇（原荷花镇），依托嫘祖集镇东端的嫘祖化石古街打造。2015 年，远安县文联在全国范围内开展"嫘祖故里·美丽远安"主题文学作品征集活动，征集有关嫘祖文化诗歌、散文、楹联、民间故事等文学作品，并决定用楹联提升化石古街的文化内涵。其中共征集了 750 余副嫘祖主题楹联，并选择其中优秀者 50 余副，组织全国书法名家书丹镌刻，用以打造"嫘祖主题楹联文化一条街"。2016 年 4 月首届湖北远安嫘祖文化节期间建成开放。

图 6-64　河南新郑始祖山嫘祖桑园（吴晓东提供）

此碑立于河南省新郑市始祖山（具茨山）上，此处有多株古桑树，相传为嫘祖植桑养蚕之地。

五、相关仪式

（一）远安嫘祖庙会

远安嫘祖庙会历史悠久，据宋代志书家王存所撰的《元丰九域志》载："'峡州西陵山'为祭祀嫘祖圣地。传三月十五日为嫘祖诞辰，故为祭祀初日。庙会持续三天三夜"。①千百年来，当地民众自发集聚在嫘祖镇举办庙会，祭祀蚕神嫘祖，相沿成习，历经一千四百多年不衰。

新中国成立后，远安县从 1984 年开始举办嫘祖庙会节，从未间断。2011年，远安"嫘祖信俗"被列入第三批国家级非物质文化遗产保护名录。2016 年以后改为嫘祖文化节，影响力不断扩大，已累计吸引海内外群众二十万余人次参加。2020 年，湖北·远安嫘祖文化节被评为宜昌市最具影响力群众文化品牌（节庆）。

---

① 《中国民俗志·湖北远安卷》编纂委员会：《中国民俗志·湖北宜昌市卷·远安卷》，中国文联出版社 2014 年版，第 505 页。

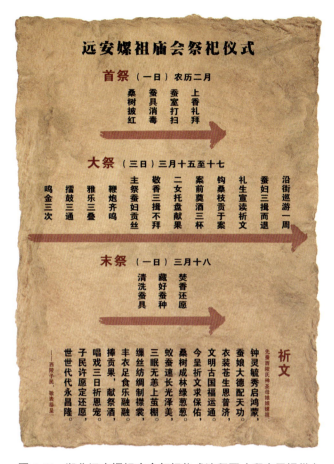

图 6-65　湖北远安嫘祖庙会祭祀仪式流程图（邱安凤提供）

远安嫘祖庙会祭祀活动分为三个部分：首祭、大祭和末祭，即"蚕神三祭"。

首祭：蚕农于农历二月花朝之日，为桑树披红，给蚕具消毒，打扫蚕室卫生，然后上香，礼拜蚕神，祈求蚕茧丰收。

大祭：农历三月十五至十七日，祭祀时间为三日，最为隆重。流程如图 6-65 所示，大致为：鸣金三次→擂鼓三通→雅乐三叠→鞭炮齐鸣→主祭蚕妇供丝→敬香三揖不拜→二女托盘献果→案前奠酒三杯→钩桑枝供于案→礼生宣读祈文→蚕妇三揖而退→沿街巡游一周。

末祭：三月十八日，通常在自家举行，蚕农清洗蚕具，藏好蚕种，焚香还愿。

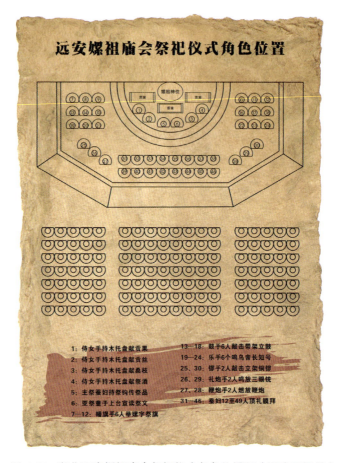

图 6-66　湖北远安嫘祖庙会祭祀仪式角色位置图（邱安凤提供）

远安嫘祖庙会祭祀仪式流程图及角色位置图，现陈列于远安嫘祖文化博物馆展厅中，基本保留了远古嫘祖庙会的传统仪式。仪式角色位置如图 6-66 所示：

以嫘祖神像为中心，祭台向外呈半圆状，正前方为香案，两侧为供案，四位侍女手持木托盘献供果、供丝、桑枝、祭酒于供案两旁。祭台中间，主祭蚕妇在左侧持祭钩传祭品，亚祭童子在右侧宣读祭文。祭台两侧分别是高举嫘字祭旗的六位幡旗手，敲击带架立鼓的六位鼓手，鸣乌音长短号的六位乐手，敲击立架铜锣的两位锣手，鸣放三眼铳的两位礼炮手，燃放鞭炮的两位鞭炮手。祭台正前方则是顶礼膜拜的蚕妇。

图 6-67　2006 年远安嫘祖庙会祭祀活动中主祭宣读祭文（冀荟竹提供）

　　在远安嫘祖庙会祭祀活动中，主祭一般为当地蚕妇，亚祭由乡中品学兼优的童子担任。图 6-67 为 2006 年远安嫘祖庙会祭祀活动，右侧正在宣读祭文者为主祭，左侧站立者为亚祭童子。

图 6-68　2006 年远安嫘祖庙会祭祀活动中蚕妇敬香（冀荟竹提供）

　　远安嫘祖庙会的大祭，一般于农历三月十五日在苟家垭蚕神庙前举办，是"蚕神三祭"当中最为隆重的一场。蚕妇们净身吃斋数日，头扎新帛或新头巾，带着丝帛香纸之类祭品赶往庙会参加对嫘祖的祭拜。图 6-68 为 2006 年湖北远安嫘祖祭祀活动中蚕妇敬香。

图 6-69　2017 年湖北远安嫘祖文化节仪式全景图（邱安凤提供）

2017 年 4 月 11 日，以"大爱嫘祖、情怀丝路、诗画远安"为主题的丁酉年湖北远安嫘祖文化节在嫘祖镇嫘祖文化园隆重开幕，来自海峡两岸暨香港、澳门等六万余名炎黄子孙齐聚嫘祖故里——湖北远安，共祭华夏人文女祖——嫘祖，共同祈福中华民族伟大复兴。

图 6-70　2017 年湖北远安嫘祖文化节蚕妇敬拜仪式（邱安凤提供）

2017 年嫘祖文化节由中华炎黄文化研究会、湖北省文化厅、宜昌市人民政府联合主办。由宜昌市妇联、市文化新闻出版广电局、市台湾事务办公室、市文学艺术界联合会、市旅游局和远安县人民政府共同承办。

图 6-70 为嫘祖文化节上，蚕妇敬拜仪式。

图 6-71 2017 年四川省盐亭县举行的华夏母亲嫘祖故里祭祖大典（李伟提供）

2017 年 3 月 7 日（农历二月初十，盐亭传说为嫘祖的生日），由中华炎黄文化研究会、四川省人民政府台湾事务办公室、四川省妇女联合会、四川省归国华侨联合会、绵阳市人民政府联合主办的 2017（丁酉）年华夏母亲嫘祖故里祭祖大典在盐亭嫘祖陵祭祀广场隆重举行。4 000 余名海内外中华儿女代表齐聚盐亭嫘祖陵祭祀广场，共拜人文女祖。大典共九项议程，分为：击鼓鸣炮、敬献花篮、净手上香、敬献贡品、恭读祭文、行施拜礼、乐舞告祭、高唱颂歌、祈福中华。

六、地方风物、其他图像

在嫘祖神话的传承过程中，神话文本往往与地方风物相结合，从而产生许多富有地方特色的神话传说。

图 6-72　河南新郑始祖山鸳鸯台（田兆元提供）

始祖山古称具茨山，位于河南省新郑市，山上有嫘祖宫、嫘祖洞、鸳鸯台等一系列黄帝嫘祖文化遗迹，流传着众多与黄帝嫘祖相关的神话传说。鸳鸯台位于始祖山东崖顶端，相传是黄帝与嫘祖八拜成婚的地方。

图 6-73　河南荥阳浮戏山嫘祖洞（吴晓东提供）

　　嫘祖洞位于河南省荥阳市浮戏山，相传嫘祖曾在洞中居住，嫘祖洞内还有嫘祖床等景观。

图 6-74　2019 年发行的中国古代神话题材邮票《嫘祖始蚕》(唐睿摄)

　　中国邮政于 2019 年 8 月 6 日发行《中国古代神话（二）》特种邮票 1 套 6 枚，邮票图案名称分别为：《燧人取火》《伏羲画卦》《神农尝百草》《嫘祖始蚕》《仓颉造字》《大禹治水》。这枚《嫘祖始蚕》邮票画面展现的是嫘祖带领民众种植桑叶，养蚕的场景。

附录　相关神话文本

衣身始祖——雷（嫘）祖的传说 [1]

据说，雷祖降生时，有十二雷神立于山头，他们各执法器，实施法术，雷霆大作，电剑急闪，毒蛇猛兽纷纷逃窜，龙王爷也令沟湾湖渊之水急退数仞。一阵惊天动地的旋风雷轰之后，天清气爽，彩虹绚丽，一位仙子乘坐风云车驾从七色的天桥上辘辘而下，降落在雷公山西隅，雷祖降生了。这山因此得名雷公山，降生的仙子名雷，传说是雷公的女儿，有雷霆的威力，是下凡来帮助这方百姓的。因该地处在雷公山的西隅，从此，雷公山周围的人群都为西陵氏族。

那风云驾刚落到山脚下，一声天崩地裂的巨响，什么也看不见了，只听到前面的山沟里有婴儿的啼哭声。大夏和氏族的人们寻声找去，看到一个极大的螺丝闪着青光，螺壳中却有一个婴儿在细声啼哭。人们围拢那个螺壳，大夏忙靠近向里面看，嘿，是一个赤身裸体十分可爱的女婴。女婴看到大夏，便停止了哭啼，一下子从螺壳里跃出，化成一股浓郁的香气，向部落住地飘去了。那螺壳忽地化作一股七色的旋风，向后山的大洞里飞去。从此，雷公作法的那座最高的山叫雷公山，风云驾着落的山冲叫雷家冲，那个沟湾叫螺丝套。而搁置风云驾的山洞，便得名为搁驾大洞。

---

[1]　段家树：《衣身始祖——雷（嫘）祖的传说——一个流传在古临沮（今远安县）的民间传说》，《我来远安五十年》，中国文联出版社 2006 年版，第 187—189 页。

蚕丝始祖（盐亭县）①

盐亭县金鸡乡七村有个嫘村山，山腰中有一个大坪叫嫘祖坪。传说，蚕丝始祖——嫘祖就出生在这里。与嫘村相邻的还有点灯山（天灯养蚕），青龙山（黄帝之意），蚕丝山（嫘祖庙），八仙石（八仙朝嫘祖），罗汉坡（罗汉拜嫘祖），狮子嘴（狮子祝寿），云台观（嫘祖驾云处），龙潭子（龙潭净水），全垭坪，朝村沟，天禄观（上天之路）等地名至今留存。

相传，远古时嫘村山住着一家姓嫘名成的老汉，妻王氏。年近四旬，生下一女，取名嫘凤，她自幼精灵美丽。当时，人间还没有衣服，男女赤身露体，以岩洞栖身，吃树果野菜。嫘凤每天都要出去采野果供养二老。

嫘村山长有许多桑树。一次，嫘凤发现这些桑树的叶子下面长了很多鲜红的桑果。摘下一颗尝尝，是酸的，不敢采了。过了一段时间，她见这些果子全黑了心想：别的果子越长越红，怎么桑果越长越黑，怕不能吃。天快黑了，嫘凤没采着果子，又渴又饿又累。空手回去怎么办？想来想去，没办法，就在大桑树下哭起来。哭声直冲天庭，玉帝拨开云雾向下一观，见凡间一孝女在树下伤心哭泣，就发了善心。他命七彩仙将罪仙"马头娘"带下凡间，变成天虫吃桑叶吐丝，为民造福。七彩仙来到嫘祖坪，将马头仙变成小虫放在桑树上吃叶，吐丝做茧。马头仙存心悔过，有意碰落三个桑果在嫘凤面前。又饿又渴的嫘凤，发现果子掉下来，不管它吃得吃不得，拣起来放到口里吃起来。嘿，又香又甜！她就摘了很多带回家。二老吃了桑果，精神也好了。从那以后，嫘凤每天都要出去摘桑果。时间长了，嫘凤发现有虫在吃桑叶，虫慢慢长大了，到后来竟吐出一根丝，越吐越长，还做成了网子。她觉得很奇怪，随手摘了一个，顺着网头，把丝拉出来。她将网子放在口内，两手拉，丝拉完后，只剩个蛹子。她拉完一个再拉第二个，这样越拉丝越多。她把丝拿回去，给二老做睡垫，暖和得很。嫘凤想，要是把这些细丝编织起来，那该多好！于是，她想来想去，用树枝绑成圆车，用搓成的丝线当弦，弄根端木当车心连在架上，拉出了很多线。再将拉出的线，以十字形编成

---

① 中国民间文学集成全国编辑委员会、中国民间文学集成四川卷编辑委员会编：《中国民间故事集成·四川卷》，中国 ISBN 中心 1998 年版，第 92—93 页。

很多方块，由小方块连成大方块，然后将大方块丝披在父母身上。这就是人间第一件用丝织成的衣服。

后来，嫘凤将摘下的网茧拿回去，不久发现蛹变成蛾。蛾子交配后，生下很多虫蛋。天气冷了，嫘凤把虫蛋保存起来，观察它的变化。第二年，她将虫蛋拿出来，放在父亲用竹编的浅筐内，不久变成了小虫子。她把这些虫放在家里，每天给这些虫弄桑叶喂养，等养大了后让它做网子，再抽丝。这件事一传出，邻近的百姓也来学养天虫。

那时，盐亭这个地方叫西陵国，属于一个大部落。西陵国国都建在盐亭的天禄观，祠庙建在皇城沟，上下左右管一千多里远的地盘。有一次，国王出行嫘村山，见嫘家二老穿有很好看的衣裳，觉得奇怪。二老就将小女养天虫织衣的事告诉了国王，并送给国王一件。国王很高兴，把嫘家礼物奉为国宝。他收嫘凤为义女，封天虫为"蚕"，命伤树为"桑树"，并号召全国百姓栽桑养蚕。嫘凤给百姓传授养蚕技术，西陵国一下子兴旺起来。

当时，有个最大的部落国王叫轩辕，以仁德取天下，先后征服了八十多个大小部落，西陵国也在其中。轩辕号称天朝，立为黄帝，统管天下。另有一个部落国王叫蚩尤，他与轩辕争天下。轩辕两路进兵攻打蚩尤，一路从陕西出潼关而下，一路由轩辕带领途经四川到西陵（盐亭）访嫘凤，再到青城山拜诸宁封祖师出山。轩辕设祭拜宁封为五岳丈人，统领大军造战车，大战蚩尤，斩蚩尤于涿鹿。

黄帝过西陵国时，国王以礼迎接轩辕入境。轩辕到西陵国见庶民百姓穿戴雅致，觉得奇怪，问明来由，才知是嫘凤养天虫织衣教会天下百姓。轩辕大喜，亲自将嫘凤接到宫廷里，嘉封嫘凤为妃，并一同与嫘凤治理天下，号召天下百姓栽桑养蚕。从此，天下兴起男耕女织，黎庶安乐。人们把养蚕织丝的嫘凤，称为嫘祖。

讲述者：佚名

采录者：王映维　男　50岁　供销社职工　高中

采录时间、地点：1986年3月于盐亭县

西陵圣母与养蚕（新津县）①

古时，有一个国王忽然不见了。国王的娘娘西陵圣母派人四处寻找，都没有找到，便贴出皇榜："凡寻回国王者，配以公主。"皇榜贴出很久，没有人来揭榜。

一天，御槽中一匹花白马挣脱缰绳，用嘴巴揭下皇榜，向城外跑去。两天过后，花白马驮着国王回到王宫。西陵圣母一见国王非常高兴。公主听说，也急忙换了衣服进殿拜见父王。花白马一见公主，直扑上去。公主立即躲闪，但花白马穷追不舍。国王发了脾气，命武士杀死花白马，剥下马皮暴晒在宫殿下。

西陵圣母摆酒宴为国王的归来压惊贺喜，公主去向国王敬酒。突然，殿下暴晒的花白马皮"唿"的一声飞上殿来，裹起公主就飞出宫殿，飞到一棵大桑树上去了。国王吓得脸色都变了，忙命人爬上桑树取下马皮，要救公主。人们打开马皮一看，公主不见了，只有一个花白色的虫子。西陵圣母痛女心切，就把这花白色的虫子带回后宫。

哪知那虫子什么都不吃，眼看就要饿死了。西陵圣母忽然想到这虫子是从桑树上取下的，就试摘了些桑叶喂它，这虫子很喜欢吃。西陵圣母十分高兴，便把它放在宫里精心饲养，给它取名为蚕子。蚕子为了报答慈母的深恩，便年年吐丝结茧，为西陵圣母取丝织造新衣。养蚕的事就由此开始。

因为蚕子是花白马与公主结合变成的，所以蚕子的头部像马，身体呈花白色。为了纪念西陵圣母发明养蚕，新津县还流传了一首民谣："三月三日半阳阴，农妇养蚕勤采桑，蚕桑创始西陵母，穿绸勿忘养蚕人。"

讲述者：黄春元　男　76岁　太平乡团结村农民　三年私塾
采录者：李兴玉　男　54岁　县文化馆干部　中师
采录时间地点：1986年7月于新津县太平乡团结村黄海云家

---

① 中国民间文学集成全国编辑委员会、中国民间文学集成四川卷编辑委员会编：《中国民间故事集成·四川卷》，中国ISBN中心1998年版，第73—74页。

附记：

新津县是古蚕桑之乡。该县花园乡曾有"蚕从庙"。农民黄春元家的神龛上曾供有西陵圣母神。这则传说是黄春元小时听帮他家写家神的胡两元秀才讲述的。

另外，新都县教师华乐光讲述、文化馆干部庄增述采录的一则故事与文献记载有相似之处，其内容如下：

很早以前，古蜀国蚕丛部落里有个聪明漂亮的姑娘。她从小死了妈，是父亲一手把她拉扯大的。在她十五岁那年。父亲出门打仗去了，屋头只剩下她一个人和一匹喂了多年的马。父亲走了好几年都没有回来，她天天望着远方喊："爹爹，你快回来哟，快回来哟！"

一天，她又站在门口望爹爹。这时，那匹马很懂事地走到了姑娘身边。姑娘抱着马的颈项说："马啊马，爹爹走了，只有你陪我，你真是我的亲人啊！你要是能让我见到爹爹就好了。"马叫了一声，围着姑娘转了几圈。姑娘又说："要是你能够让我们父女团圆，我情愿嫁给你。"马一听，便用脸来亲姑娘，伸出舌头舔她的手，又昂起脑壳长长地叫了一声，然后像一阵风似地跑了。

第三天早展，马儿的的笃笃地驮着姑娘的父亲回来了。父女一见面就抱在一起，又是哭又是笑，硬是亲热得很。那匹马呢，就一直站在窗外望着他们。父亲赶它回到马房里，隔不到一会儿，那马又跑来站到窗子外头。姑娘走过去，它便伸出舌头来舔她的脸，女儿也抱住马头亲了又亲。父亲觉得稀奇，便向女儿。女儿说："爹爹，女儿原本向它许了愿的，它能让我们父女团圆，我就嫁给它，今天它把你驮回来了，我该嫁给它了。"父亲一听，气得眉毛胡子都立起来了，朝桌子上就是一巴掌："胡说！世间哪有人配畜生的！"哗的一声，他抽出腰间的宝剑，一剑就将马杀了。他杀死马还不解恨，又将马的皮剥下来晒起。

马被杀后，姑娘很伤心。她整天愁眉苦脸地，望着那张马皮流眼泪。一天晌午，姑娘正对着马皮出神，忽然"嘣"地一声，马皮飞了起来，裹起姑娘飞上了天。飞呀，飞呀，飞到一个桑树林停了下来。说来也怪，那马皮里头爬出了无数细黑细黑的虫虫儿来。这些虫子爬满了桑树、桑叶。不久。马皮和姑娘就不见了。

这些虫虫儿就是后人叫的蚕子。从那时起，这一带的人，就靠栽桑养蚕过日子。大家都喊蚕子为"马缠（蚕）娘娘"，还修了一座"娘娘庙"供着身裹马皮的姑娘的神像。

嫘祖养蚕（夏县）[①]

相传远古时候，中条山的北面是一片桑林，林边坐落着一个村庄。每当太阳出山，桑林的阴影遮着村庄，人们便叫它西阴村。

西阴村里住着一位姑娘，名叫嫘祖，长得很好看。嫘祖的妈妈早年病亡，爹爹是黄帝手下的一员大将，常年出征在外，家里只剩下她和一匹小白马。

嫘祖常常想念爹爹。每逢过年过节，她都要抚摸着小白马诉说忧愁。这年中秋节的晚上，邻家传来团圆的笑声，嫘祖鼻子一酸，流出伤心的眼泪。这时，站在身旁的小白马突然掉过头来，轻轻地舔着她脸上的泪水。嫘祖心里一动，忙用双手托住马头，笑着说：“马儿啊，你要是真懂人情，就到军中接回我的爹爹，那时，我就和你成亲。”嫘祖话音刚落，小白马一声呼叫，冲出家门。

小白马跑出村庄，跑啊跑啊，一直跑到军中，跑到嫘祖的爹爹面前。它又蹦又跳，又喘又叫，闹得嫘祖的爹爹摸不着头脑。嫘祖的爹爹只得问它：“家中出了啥事？”只见小白马扭过头去朝着来路叫了几声，一声比一声悲哀。爹爹觉得不好，赶忙跨上小白马，连夜朝家赶来。

第二天天明，小白马驮着将军跑回西阴村，父女相见，十分欢喜，却把小白马忘到了一边。这时，小白马突然嘶叫起来。嫘祖急忙跑回屋里，拿出最好的饲料添在槽中，谁知小白马一直不吃不喝，总是冲着嫘祖不停地呼唤。爹爹觉得奇怪，就问女儿：“这匹马到底怎么了？”嫘祖被这一问，当下红了脸，只是不说话。爹爹再三追问，她才说出同马的戏言。爹爹十分生气，当下拉弓搭箭，“嗖”的一声射死了小白马，然后气恨恨地剥下了马皮，扔到了屋前。

爹爹走后，嫘祖又羞又悔，急忙跪在马皮跟前，伤心地说：“马儿啊，怨我做错了事害了你的性命，今番不能如愿，来世一定报答你的恩情。”正在这时，邻居的姑娘雪花来找嫘祖玩耍，见她跪在马皮跟前，觉得十分奇怪，定要追根问底。嫘祖拗不过她，只好说了实话。谁知雪花听了以后，用脚踏着马皮说：“好你个畜生，真是不知羞耻，还想和我嫘祖姐姐成亲……”雪花的话音未落，就见

---

① 中国民间文学集成全国编辑委员会、中国民间文学集成山西卷编辑委员会：《中国民间故事集成·山西卷》，中国 ISBN 中心 1999 年版，第 21—23 页。

平地掀起一股狂风，马皮腾空而起，紧紧地裹着雪花翻卷飘摇而去。嫘祖一阵惊慌，赶忙朝着马皮追去，追啊、追啊、她一边追，一边喊："雪花——雪花——"追出了村庄，追进了桑林，可是桑林中除了她的喊声，再也听不到雪花姑娘的回音。

嫘祖整整追了一天，累得浑身酸痛，实在没有力气再往下追了，她就倒在一棵桑树下睡着了。不知过了多少时间，突然耳边响起"嘻嘻"的逗乐声。嫘祖睁眼一看，啊，那裹着雪花的马皮竟夹在身边这棵桑树的树杈里。嫘祖慌忙喊："雪花！雪花！"谁知这张马皮却在她的喊声中渐渐缩小。她喊得越紧，马皮缩得越快，最后竟缩成大拇指般的一个小白团。小白团紧紧地粘在桑树上，嫘祖取不下来，只好天天来看望。几天以后，小白团里飞出一个美丽的小白蛾，它的两弯眉毛，一双眼睛都和雪花姑娘的眉眼一模一样，嫘祖觉得新奇，还是照常天天看望。

又过了几天，小白蛾突然死了，落在地上，嫘祖十分伤心。她想，肯定是害虫伤害了它，就在桑树上找起来，可是找呀、找呀，什么害虫也没有找到，找到的只是桑叶粘着许多小黑粒。这些小黑粒又渐渐蠕动出小黑虫。小黑虫整天啃吃着桑叶，爬满了周围的桑树。几天以后，小黑虫又变成了小白虫，一个个出落得十分漂亮。它们的头就像小白马的头，只是少了两只耳朵，它们洁白发亮的身体又像是雪花姑娘俊美的身材。

"啊，是她，是它，是他们的后代！"嫘祖姑娘终于发现了秘密。为了报答小白马和雪花姑娘的恩情，嫘祖就把这些小白虫一条条收回家中，放在院中的筐篮里，每天都要到桑林中摘最好的桑叶喂他们。时间一天天过去，小白虫渐渐长大，最后吐出了缕缕银丝。嫘祖觉得小白马和雪花姑娘都是替己身亡，并且死得很惨，就给他们起个名字——"蚕"。他们吐出的白丝也就成了蚕丝。

第二年，黄帝打败了蚩尤，便在帐前大摆宴席，犒劳三军。许多将领和百姓都送来各式各样的宝物。嫘祖进献的蚕丝一下吸引了黄帝。他望着这洁白的蚕丝，看着如花似玉的嫘祖，心中十分爱慕，就向嫘祖的爹爹求婚，嫘祖的爹爹十分高兴，当场就让他们结成了夫妻。

从此，养蚕事业推广到全国。嫘祖的故乡—西阴村，也就成了植桑养蚕的发源地。

讲述者：张永年　男　67 岁　夏县西阴村　退休教师

采录者：杨进升　男　39 岁　干部　大学

永征　男　40 岁　干部　高中

柴勇　男　36 岁　干部　高中

采录时间：1982 年

采录地点：夏县西阴村

附记：

夏县西阴村素有养蚕传统。这个故事是采录者下乡时采录到的。其时，村外有成片成片的桑树，还办有西阴养蚕厂。1926 年，考古工作者在西阴村新石器时代遗址，发现了半个蚕茧，蚕茧上有整齐的割痕，专家推断是距今 5 000 多年前原始先民用来加工抽丝的蚕茧。西阴村离黄河不远，同时出土的还有与纺织有关的石制纺轮、纺锤和骨针、骨锥（见《清华科研院丛书》1927）。

先蚕娘娘嫘祖（黄陵县）[①]

黄帝战败蚩尤后，建立了部落联盟，黄帝被推选首领。这时开始种五谷，制造生产工具，用兽皮制作衣服。黄帝指派他的正妃嫘祖分管制作衣服这件事。

嫘祖经常带领部落里的妇女上山剥树皮，织麻网。不长时间，嫘祖由于劳累过度，病倒了，不想吃饭，黄帝和众大臣为此事都很着急。

有一天，嫘祖身边的几个女子，悄悄在一起商量。打算上山摘些鲜果子给嫘祖吃。她们一早进山，跑遍了山山峁峁，摘了无数样的果子，可是用嘴一尝不是涩，就是酸，总觉不可口，直到天快黑了，才在一片桑林里发现满树结着雪白色的小果，她们以为找到了好鲜果，赶忙摘下，用嘴一咬，根本咬不动，也没啥味。

这时，走来一位名叫共鼓的大臣，他曾为黄帝发明了船。共鼓发现嫘祖身边几个女子站在一起发愣，连忙问怎么回事？女子们把她们为嫘祖摘下白色果子的事说了一遍。共鼓一听随便说了一句："现在咱们有火，咬不动就用水煮。"谁知煮了好一阵，用嘴一咬，还是咬不动。这时，有个女子拿起一根细木棒，在锅里乱搅，往出一拉，发现木棒上缠着很多像头发丝细的白线。她们把这个新鲜事告诉了嫘祖。

嫘祖是个非常聪明的女人，她仔细端详了缠在木棒上的细线，对周围的女子说："这不是果子，不能吃，可它对我们制作衣冠有用。"接着嫘祖就详细询问了果子从哪里摘来，在什么山上，在什么树上。她不顾黄帝的劝阻，带领妇女要亲自看个究竟。嫘祖在树林里整整观察了几天，才弄清这白色果子，是一条条口吐细丝的虫子绕织而成。嫘祖回来把这事向黄帝说了，黄帝下令保护这些桑树林。从此，栽桑养蚕就在嫘祖带领下开始了。后世为了纪念她的功绩，就称她为"先蚕娘娘"。

讲述者：拴劳娘　女　71 岁　黄陵县南城塔　农民　不识字

采录者：兰草　男　40 岁　黄陵县文化局　干部　初中

采录时间：1978 年 5 月

采录地点：黄陵县

① 中国民间文学集成全国编辑委员会、中国民间文学集成陕西卷编辑委员会：《中国民间故事集成·陕西卷》，中国 ISBN 中心 1996 年版，第 16—17 页。

黄帝娶妻（新郑县）[①]

很早以前，具茨山下有个小山庄，叫桑树湾，庄前庄后长的都是桑树。

桑树湾有户人家，就只老两口，眼看年过半百，膝下还没有儿女。一天，他两口上山打猎，忽听前边有小孩"哇哇"哭叫，过去一看，一棵老桑树柯杈上放个光肚儿娃娃。老两口可喜欢，就把娃娃抱回了家。

这娃娃是个女孩儿，老两口给她起名叫嫘祖。嫘祖长到十五六岁，长得又漂亮又壮实，又聪明又勤快。爹妈天天去打猎，她就跟着爹妈到山里去摘野果吃。那年春天，山里野果还没长熟，嫘祖就爬到桑树上去摘桑葚吃。她爬上桑树，看见一枝干树枝儿上吊着几个枣一样大小的东西，有白色的，有黄色的，很好看，就摘下来带回家玩。

当天夜里，嫘祖做个梦，梦见自己坐着云彩上了天宫。王母娘娘对她说，她在桑树上摘那小东西叫茧，是一种名叫蚕的虫结的；接着又教她咋养蚕，咋抽丝，咋织布，临了还给她一张织布机图。等她从梦里醒来，手里真拿着一张图。第二天，嫘祖也没对二老说别啥，只说她这几天画了个织布机图，叫二老请木匠给她做。二老问她做这弄啥，她光说有用。二老疼爱她，只要是她提出来要办的事，没有不答应的。到了第二年春上，嫘祖就按王母娘娘教她的方法，养蚕、抽丝，用做好的织布机织布，织出来的布又细又薄，漂亮极啦！她先给二老做一身衣裳，二老穿上又舒服又好看，见人就夸他闺女巧。庄上的闺女、媳妇见了，都跑来跟嫘祖学。嫘祖就没明没夜地教大家，连外庄的人也来学，越传越远。

黄帝听说了嫘祖抽丝、织布、做衣裳的事，也到桑树湾来看。他问嫘祖是咋学会养蚕、抽丝、织布的，嫘祖就实话对他说："我原是王母娘娘的侍女。那一年开罢蟠桃会，随王母娘娘送各路神仙走到南天门，伸头往下一看，见人间都穿兽皮、树叶，就随手把吃剩的一颗桑葚丢了下来，想让人间也种桑养蚕，穿上衣裙。不想叫王母娘娘看见了，就说：'你到凡间种桑养蚕吧。'我说我是侍女，不会种桑养蚕。王母娘娘说：'你下去吧，到时候我会教你的。'说罢，随手把我推

---

① 中国民间故事集成全国编辑委员会、中国民间故事集成河南卷编辑委员会：《中国民间故事集成·河南卷》，中国 ISBN 中心 2001 年版，第 31—32 页。

了下来。"接着她又把做梦的事说了一遍。黄帝听了很高兴，就决定娶嫘祖做妻子，叫她教全国的女人们种桑、养蚕、织布、做衣裙。

嫘祖和黄帝结亲后，就领着全国的女人种桑、养蚕、抽丝、织布，使所有的人都穿上了衣裙。后人不忘嫘祖的功劳，在织布机上都敬着嫘祖的牌位。

讲述者：张曹氏　女　70岁　新郑县郭店乡张辛庄　农民　不识字

采录者：张永林　男　54岁　新郑县文联　干部　大专

1989年3月采录于讲述者家中

黄帝选妻 [1]

轩辕黄帝整天为百姓们费心操劳，乡亲们都对他十分敬重。一些上岁数的人更为他的婚事操心，经常有人带着姑娘找上门来，姑娘一个比一个长的齐整。他的父亲少典和母亲附宝也想早点给他成家，看看这个也称心，那个也如意，可黄帝就是不吭声。附宝说："这么多人来找，你总得挑选一个呀！"黄帝笑笑说："不能光讲长相，只看外表，要看有没有本事。"二老点了点头，也不再吭声了。

一天，黄帝打猎来到西山，抬头一看，山半坡大桑树下，有一女子手扶着树，一条腿跪在地上，正在从嘴里往外吐丝，地上已吐出一个像瓦瓮那么大的茧。黄帝躲在一块大石头后面看呆了。那女子吐出个黄金色的，又吐出个银白色的，都闪光发亮。黄帝看得入了迷，心想，我今天竟遇上这样一个会吐丝的女子，真是连做梦也想不到哇！自从来了有巢氏、神农氏，吃的住的都不愁了，可还披着兽衣兽皮，多么难看。今天要能得到这丝，纺织成布做成衣服，该多好哇！想到这里他就要上前问个明白。又一想，不知是谁家女子，什么脾气，万一人家给个没趣，不是白费口舌吗？还是等她吐完丝，歇息时再问吧。

那女子在那儿吐呀吐的，吐成了三个茧，起身就要走。

黄帝这下子可着急了，急忙走出来，拦住那女子，拱手道："大姐留步。"

那女子歪头看他一眼说："大哥有什么事吗？"

黄帝说："我看大姐会造丝，能不能教教俺。"

女子说："俺爹娘有交待，想学造丝，有一个条件。"

"什么条件？"

"非丈夫不准传授。"那女子说罢这句话，赶忙捂住了脸。

黄帝听到这里，心里怦怦直跳，也不知道这女子说的是真是假。他抬头又看了看那女子，长得很丑，脸皮黑，嘴唇厚，个头也不高。又一想，她是个干活人，不能光看模样儿。有这样一个会吐丝的帮手，再好不过了。就鼓起勇气说："大姐只要不嫌我，我愿……"

---

[1] 李新明：《轩辕故里的传说》，中原农民出版社 1990 年版，第 3—5 页。

那女子大胆地走到黄帝跟前，两人并肩坐在一块青石板上。黄帝说："咱们虽然订下了可不知道大姐家住在哪里？从何处来？到何处去？"

那女子说："我原是王母娘娘的侍女，名叫嫘祖，因为犯了天规，被打下凡来。"

黄帝说："你犯了啥天规？"她说："有一次，俺到王母的花园去赏花；那花园里有一株五色香草，上边结满了果实。我看那果实好看，又有香味，便随手摘了几个填进嘴里，满嘴香甜，我便嚼了嚼咽下去。没多大一会儿，觉得心里直往上翻，光想往外吐。我没法了，便蹲在地上，一会儿便吐出来了，一看，是丝。接着，不知从哪儿飞来几只彩蛾，围着香草飞来飞去。我想，若把这香草籽儿喂彩蛾吃了，不也会吐丝吗？飞蛾下了子儿，那子儿慢慢变成蚕。我又用香草籽儿喂蚕，那蚕便也吐出丝来。我看着真有趣儿。这五色香草，原来是仙草。我想再摘些果实，谁知刚摘了一把，不知哪个人告诉王母了。王母大发脾气，当即把我打入凡间。我想，无论咋说，那香草籽儿也得带上。我把它藏在衣袋里，一会儿一摸，生怕丢了，王母叫把我扔到一个山旮旯里，差点被狼吃了。幸亏，被捡干柴的西陵氏所救，我就认她为母。我们母女，相依为命，过着苦日子，直到今天……"。

黄帝听罢，伸手抓住了嫘祖的双肩，半天不知说啥好。嫘祖又说："北山坡上，我已经养了一片蚕，正在吐丝。那些蚕都吃桑叶，长得也不错，咱们去看看吧！"黄帝顺着她指的方向走去，看到那些蚕结的茧，个个就像瓮那么大。黄帝高兴地说："我现在就回去，派些人来把蚕茧寻回去。"嫘祖笑着点了点头。

黄帝先回到家里，把选嫘祖为妻的事跟少典和附宝讲了。老两口一传出去，男男女女、老老少少成群结队地都来了。黄帝和嫘祖回来时，大家都围着他们看。有的小声说："那么多齐整的女子不挑，偏挑了这个粗糙人。"有的说："放心吧，黄帝办事比咱们有把握，可能这女子有大本事。"有的见了蚕茧，还不知道是啥稀罕物哩。

嫘祖很家常，一到这里，就领着几个姑娘抽起丝来。抽着盘着，盘得有条有理，大家都跟着学起来。少典、附宝、有巢氏、后稷和一些上岁数的人，看着一盘盘又细又软的丝，一个劲儿地笑。

　　自从嫘祖来到之后，这里的人都学会了养蚕、缫丝、纺纱、织锦，越来越多的人穿上了衣裳。这一来，大家都夸奖说："还是黄帝有眼力，看人光看样不中。"人们一提起嫘祖，就打心服里敬佩她。为了不忘她的功绩，农家的织机房里都敬祖神，实际就是嫘祖。

讲述人：蔡英生　75岁，教师

搜集整理：蔡柏顺

参考文献

一、古籍

1.（战国）左丘明:《国语》,上海古籍出版社 2015 年版。

2.（汉）司马迁:《史记》,中华书局 2016 年版。

3.（晋）郭璞注:《山海经》,上海古籍出版社 1989 年版。

4.（晋）干宝撰,汪绍楹校注:《搜神记》,中华书局 1979 年版。

5.（南朝宋）范晔:《后汉书》,中华书局 1982 年版。

6.（唐）魏征等:《隋书》,中华书局 1977 年版。

7.（宋）《三教源流搜神大全》,郎园先生全书民国二十四年,长沙中国古书刊印社汇印本。

8.（宋）高承:《事物纪原》,清惜阴轩丛书本。

9.（宋）乐史撰:《宋本太平寰宇记》,中华书局 2000 年版。

10.（宋）罗泌:《路史》(四部备要本),中华书局 1936 年版。

11.（宋）罗泌:《路史》,清文渊阁四库全书本。

12.（宋）秦观:《蚕书》,清知不足斋丛书本。

13.（元）王祯著,孙显斌、攸舆超点校:《王祯农书》,湖南科学技术出版社 2014 年版。

14.（明）王圻、黄晟撰,潭滨、黄晓峰重校:《三才图会》,万历 35 年刊,槐阴草堂藏。

15.（明）董斯张:《广博物志》,清文渊阁四库全书本。

16.《古本小说集成·列国前编十二朝》,上海古籍出版社 2017 年版。

17. （清）《内务府奏销档》，中国第一历史档案馆藏。

18. （清）秦蕙田：《五礼通考》，清文渊阁四库全书本。

19. （清）阮元校刻：《十三经注疏》，中华书局 1980 年版。

20. （清）俞正燮：《清通考》，卷 102。

21. （清）张廷玉等：《明史》，中华书局 1974 年版。

22. （清）吕安世辑：《二十五史通俗演义》，广益书局 1948 年版。

23. （清）新昌、吕抚辑：《廿四史通俗演义》，浙江人民出版社 1985 年版。

二、著作

1. 段家树：《我来远安五十年》，中国文联出版社 2006 年版。

2. 冯骥才：《中国木版年画集成》，中华书局 2005 年版。

3. 高沛：《嫘祖文化研究》，文物出版社 2007 年版。

4. 李贵喜：《西陵嫘祖》，中国广播电视出版社 2010 年版。

5. 李新明：《轩辕故里的传说》，中原农民出版社 1990 年版。

6. 鲁谆主编：《中华民族之母嫘祖》，中国三峡出版社 1995 年版。

7. 远安县政协文化史和学习委员会编：《嫘祖文化圣地·远安》，内部资料，2021 年。

8. 岳定海、王德奎、李照明：《嫘祖故里大揭秘》，伊犁人民出版社 1998 年版。

9. 中国版画全集编辑委员会编：《中国版画全集》，紫禁城出版社 2008 年版。

三、论文

1. 段友文、周宝艺、冀荟竹：《嫘祖神话阴柔文化基型审美生成考论》，《贵州民族大学学报》（哲学社会科学版），2020 年第 6 期。

2. 高沛、谢文华、高威、康晓华、陈向阳：《嫘祖故里在西平》，《决策探索》，2007 年第 8 期。

3. 宫哲兵、黄超：《道：祭道路神——古"道"字长期被忽略的一个含义》，

《哲学研究》，2009 年第 1 期。

4. 郭超：《关于嫘祖及其"蚕神"问题的考辨》，《河南师范大学学报》(哲学社会科学版)，2017 年第 6 期。

5. 郭超：《论嫘祖文化及其现代意义》，《河南大学学报》(社会科学版)，2008 年第 2 期。

6. 黄维华：《嫘祖：蚕祖概念中人文主题的终极表述》，《中国文化研究》，2000 年第 4 期。

7. 冀荟竹：《"嫘祖文化圈"神话传说的历史建构与当代表述》，山西大学硕士学位论文 2020 年。

8. 贾雯鹤：《黄帝与嫘祖神话及其相关问题研究》，《求索》，2015 年第 3 期。

9. 李芝安：《〈亲蚕图〉画柜与乾隆帝先蚕礼述论》，《故宫学刊》，2013 年第 2 期。

10. 李玉洁：《古代蚕神及祭祀考》，《农业考古》，2015 年第 3 期。

11. 刘守华：《蚕神信仰与嫘祖传说》，《寻根》，1996 年第 1 期。

12. 马世之：《嫘祖与嫘祖故里》，《天中学刊》，2006 年第 6 期。

13. 毛巧晖：《民间传说与文化景观的叙事互构——以嫘祖传说为中心》，《贵州民族大学学报》(哲学社会科学版)，2018 年第 3 期。

14. 毛巧晖：《日常生活、景观与民间信仰——基于湖北远安嫘祖传说的考察》，《江汉论坛》，2016 年第 5 期。

15. 祁和晖：《嫘祖文化本论——从传说中剥离历史内核》，《中华文化论坛》，1999 年第 1 期。

16. 施敏锋：《多元并存与和谐共生：中国民间信仰的基本形态——以杭嘉湖地区蚕神信仰为个案的考察》，《民俗研究》，2011 年第 2 期。

17. 唐长寿：《乌尤山与嫘祖、青衣神》，《文史杂志》，2016 年第 3 期。

18. 卫斯：《嫘祖故里"西陵"历史地望考——兼论"嫘祖文化圈"内的考古发现》，《农业考古》，2007 年第 1 期。

19. 吴晓东：《"黄帝四面"及其故事变异》，《民族艺术研究》，2020 年第 3 期。

20. 吴晓东：《论蚕神话与日月神话的融合》，《贵州民族大学学报》(哲学社

会科学版)，2018 年第 3 期。

21. 向熹：《嫘祖杂说》，《文史杂志》，2001 年第 1 期。

22. 萧放、叶玮琪：《蚕神献丝与三蚕圣姑：明清时期蚕神信仰文化中的"晋南故事情节"与习俗传统》,《中国农史》，2021 年第 3 期。

23. 朱绍侯：《嫘祖故里试探》，《历史教学》(高校版)，2008 年第 4 期。

致　谢

由上海市社会科学界联合会组织实施的中华创世神话研究工程，已经出版了系列丛书，本书是中华创世神话图像编的其中一本，主要展示的是先蚕嫘祖的图像谱系，既包括历代遗存的考古图像、绘画图像、古籍插图，也包括当代各地寺庙的立体塑像、文博场馆的壁画雕塑等图像。

本书付梓之际，谨向关心和支持本书撰写的各位领导、老师和朋友表示诚挚的谢意。作为中华创世神话研究工程的主要领导，上海市社会科学界联合会党组成员、专职副主席任小文先生一直非常关心本套丛书，对其撰写和出版给予了大力支持。恩师田兆元教授不仅引领我走上神话研究的道路，而且在本书的撰写过程中也悉心指导，其所倡导的神话叙事三种形态及民俗谱系的视角，是本书写作的重要理论基础。毕旭玲老师不仅在我参与《开天辟地——中华创世神话》市民读本的撰写和"鲧禹创世神话田野编"的研究时给予许多指点，而且在本书的撰写体例、参考资料等方面也给我很多帮助。还有上海人民出版社认真负责的编辑，使得本书能最终顺利出版。

本书撰写过程中，恰逢新冠肺炎疫情肆虐，田野调查陈生馨受到极大限制，幸亏各位老师和朋友慷慨相助，为我提供了大量图片。他们是：陈玉堂、代改珍、高志明、郭俊红、冀荟竹、金方廷、柯小杰、乐晶、李明洁、李伟、刘洁洁、马伊超、马运河、孟令法、明亮、潘守永、彭佳琪、邱安凤、钱泽红、覃霄、唐睿、王加华、王群韬、吴晓东、萧放、徐金龙、颜伟、杨建敏、杨宽、杨艳、杨洪旺、姚望、叶玮琪、张林峰、张帅、张毅、赵以保、朱炳帆、祝鹏程。虽然由于主题、内容、体例、像素等方面的原因，没能全部在本书中展示，但各位的帮助本人已铭记于心。谢谢你们，让本书的内容更加丰富！

此外，还有许多师友热心帮忙联络或提供相关信息，他们是：常松木、韩林、鞠熙、李锦、刘捷、卫才华、杨骊、张成福、张晨霞、张建军、张兴宇、朱振华。谢谢你们的帮助！

中华创世神话博大精深，本人才疏学浅，书中若有错漏之处，还请各位方家批评指正。嫘祖的神话及信仰广布全国多地，受时间、经费、能力等方面的限制，本书搜集的嫘祖图像并不全面，各位读者如有相关图片或线索，还请不吝赐教，不胜感激！

图书在版编目(CIP)数据

嫘祖创世神话图像谱系/程鹏著. —上海：上海
人民出版社，2022
(中华创世神话研究工程系列丛书. 中华创世神话图
像编)
ISBN 978 - 7 - 208 - 17692 - 8

Ⅰ.①嫘… Ⅱ.①程… Ⅲ.①神话-人物形象-研究
-中国-图集 Ⅳ.①B932.2 - 64

中国版本图书馆 CIP 数据核字(2022)第 094697 号

责任编辑　王　吟
封面设计　李　祎

中华创世神话研究工程系列丛书·中华创世神话图像编

嫘祖创世神话图像谱系
程　鹏　著

出　　版　上海人民出版社
　　　　　　(201101　上海市闵行区号景路 159 弄 C 座)
发　　行　上海人民出版社发行中心
印　　刷　商务印书馆上海印刷有限公司
开　　本　720×1000　1/16
印　　张　15
插　　页　5
字　　数　236,000
版　　次　2022 年 7 月第 1 版
印　　次　2022 年 7 月第 1 次印刷
ISBN 978 - 7 - 208 - 17692 - 8/B · 1610
定　　价　105.00 元